本书为"上海政法学院上海高校一流学科法学环境资源法方向建设项目"
系列成果之一；
武陵山民族文化与旅游产业发展湖北省协同创新中心资助；
湖北民族学院民族研究院研究成果之一。

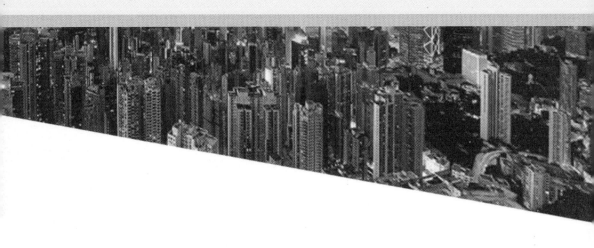

李妍辉 著

环境金融与环境治理

中国社会科学出版社

图书在版编目(CIP)数据

环境金融与环境治理/李妍辉著 . —北京：中国社会科学
出版社，2015.5
ISBN 978 - 7 - 5161 - 6156 - 2

Ⅰ.①环…　Ⅱ.①李…　Ⅲ.①金融业—环境经济学—关系—
环境管理—研究　Ⅳ.①F83 ②X32

中国版本图书馆 CIP 数据核字(2015)第 107046 号

出　版　人	赵剑英	
责任编辑	孔继萍	
责任校对	董晓月	
责任印制	何　艳	

出　　版	中国社会科学出版社	
社　　址	北京鼓楼西大街甲 158 号	
邮　　箱	100720	
网　　址	http://www.csspw.cn	
发 行 部	010 - 84083685	
门 市 部	010 - 84029450	
经　　销	新华书店及其他书店	

印刷装订	北京市兴怀印刷厂	
版　　次	2015 年 5 月第 1 版	
印　　次	2015 年 5 月第 1 次印刷	

开　　本	710×1000　1/16	
印　　张	17.5	
插　　页	2	
字　　数	207 千字	
定　　价	65.00 元	

凡购买中国社会科学出版社图书,如有质量问题请与本社营销中心联系调换
电话:010 - 84083683

目　　录

前　言

　　作为应对环境问题、促进可持续发展重要手段之一的环境金融，其起源可以追溯到 20 世纪 70 年代末，发达国家金融危机频发，日趋蔓延的金融动荡对全球经济是一种巨大的威胁，这也促使人们展开对新的金融发展模式的探索。与此同时，随着温室气体的大量排放，全球环境问题日益严峻，国际社会的减排呼声越演越烈。人类与自然环境的可持续发展成为全球共识，通过金融手段促进环境问题的解决也成为全球环境治理的一项重要方法，这不仅是金融业自身的可持续发展，也是金融作为环境治理工具的功能与价值创新。

　　环境金融要求金融业以可持续发展的意识，在其经营活动中运用金融工具对所掌握的社会资源进行引导，注重生态环境的保护和环境污染的治理，促进环境保护的相关项目及产业发展，可持续发展的意识体现在不仅要实现经济的可持续发展，更要追求人与自然的可持续发展。

　　综合国内外的相关研究与文献可以看出，环境金融的逻辑起点及研究路径主要是从经济角度认为环境金融以实现低碳经济发展和金融业可持续发展为目标，研究分析环境金融对经济、社会与行业发展的影响，将环境保护作为其行业与企业社会责任的体现而进行与环境产权相关的金融创新活动，这种以发展经济为动力的环境金融是其初级状态，也是大多数环境金融学者通常所采用的研究路径，而以全球环境治理为目的的环境金融则直接指向了人类与自然的共赢，相比而言则较少有人探讨。本书从环境法的基本理念以及环境治理的多元参与出发，分析环境金融的工具理性和内在价值，并结合环境金融在世界范围内的发展现状及困境，尝试从环境法与风险管理的维度予以回应。从环境治理多元化的角度，研究环境金融与环境治理二者的有机关联，并结合理论与实践，分析环境金融手段对环境治理应有的功能和可能的贡献，以环境治理理念为逻辑核心，从立法角度总结如何完善环境金融及市场体系的建设。

环境金融的相关法律问题是目前法学研究较为前沿的课题，环境金融本属于经济学研究范畴，法学研究者特别是环境法学者对此较少问津，之前有学者探讨过排放权交易的法律问题，但排放权交易是环境金融的下位概念和组成部分，这种微观研究有必要得到引申和扩展，从法律特别是环境法视角分析和总结环境金融的相关法律问题。环境金融市场的活动规律决定了它有利于环境问题的解决，可为全球环境治理提供一种新的"金融"方法。这也是环境金融将经济利益与环境利益高度统一的特性所决定的，这种对经济发展与环境治理的双重功能，极大地拓展了环境经济学的研究视野，使得环境经济学与法学在此问题上有了更多的沟通与交融。

本书将环境金融的部分经济学研究成果运用到法学研究上，在借鉴已有成果的基础上从环境金融的诸多法律属性中选择有研究价值的内容进行分析和探讨，对环境金融作为一项环境治理的创新机制所涉及的主要法律问题进行梳理并尝试进行解答，特别是结合环境法的基本原则与功能对环境金融进行法律制度的初步设计，力图既能反映环境金融实践中的主要问题又能为环境金融的立法提供重要的制度和标准参考。作者水平有限，尚属草创，书中错误或不妥之处在所难免，希望读者批评指正。

第 一 章

环境金融的逻辑与认知

  "绿色金融"的内涵与外延都明显小于但不限于包括投融资、环境信托、环境基金与保险、环境资本证券化与环境期货、期权等金融衍生品在内的"环境金融";"碳金融"是环境金融的重要组成部分,也是环境金融领域应用最广、讨论最多的环境金融类型之一,它是环境金融从应对气候变化方面延伸出的分支。环境金融作为一项以环保和可持续发展为终极目标的金融创新,有其特定的属性和多样化的表现形式,这种特征可以概括为环境金融的利益相容性、战略治理性、高风险性与国际性。按照金融机构分业经营的模式、以不同业务类型的金融机构和资金流向为标准,结合现有的环境金融交易实践,可以将环境金融的交易形式划分为以下几类:投融资信贷类、环境基金类、信托类、资产证券类、保险类、保理类以及其他结构性理财产品类。

第一节　概念及辨析

20 世纪六七十年代被视为可追溯的金融资本介入环境领域的时间起点，西方的环境治理运动开始兴起，环境金融最初表现为对环境基础设施的资金投入和项目融资。环境金融与环境治理的密切关系在诸多国际文件中都被提及。自 20 世纪 80 年代末起，可持续发展理念先后被世界环境与发展委员会、联合国环境规划署在联合国环境与发展大会上在《我们共同的未来》报告以及《银行界关于环境可持续发展的声明》、1992 年的《21 世纪议程》等全球可持续发展纲领性文件中提及，在全球范围内，各国的政府、金融机构、国际组织以及非政府组织开始尝试在环境金融领域进行创新与发展，可以说，金融参与环境治理开始慢慢成为全球金融业可持续发展的又一新指向。"环境金融"的概念在国际上被正式提出是在 1997 年，2005 年我国的十七大报告也提出要"转变经济发展方式"，从而触发了中国在环境金融领域理论研究的突破。可持续发展这一源自环境法的基本理念被逐步吸纳到金融等其他社会领域，环境保护和经济发展二者之间的关系及其协调已成为各国政府在制定政策时必须充分权衡的因素。

本书所谓的环境金融，从环境治理的角度来看，是以环境要素或环境产权等基础资产作为金融交易标的的。环境与生态对人类存亡的终极意义决定了任何人类行为与行业都必须至少不减损环境利益，故其终极目的旨在促进人类可持续发展；又鉴于金融业自身巨大的利益撬动功能，金融业必须根据环境产业的发展与环境治理的需求来进行金融创新，这样既有利于环境保护又能带动新的经济增长。因此环境金融是经济利益与环境治理相结合的金融创新机制，更是环境治理经济手段中一种重要的金融工具。

从金融运行过程来看，环境金融就是要以信用货币、有价证券等方式对环境要素的价值进行量化，再将量化后的环境价值拿到金融市场中进行交易从而转化为经济价值，这种转化的实质就是从节能减排等保护环境的行为中创造并且获取利益，用环境价值量或经济价值量对自然资源存量或人类经济活动造成的自然资源与环境的损失通过评估测算进行计量，直接表现为可交易的环境产权。在金融资源配置、金融活动评价等领域来管理环境风险、防治环境污染以达到环境资源和社会资源的配置优化，它改变了过去那种以污染环境、耗损资源来获利的模式，是一种新的互利型的环境治理工具。

一　环境金融与绿色金融

实践中的环境金融在我国始于 2007 年，与此关联的概念如"绿色信贷""环境保险""环境证券"等为环境金融体系的重要构成。环境金融从字面上看自然是金融与环境的结合，在学术研究和实务运行中对于金融与环境的这种结合存在着各种不一的称呼，比如绿色金融、可持续金融、生态金融、气候金融和环保金融等，这种称谓的不确定类似于对环境法学科的称谓不一（环境法又称生态法、环境保护法、环境与资源保护法等），也正好说明了环境金融作为一个新的研究领域的兴起。

本书基于环境法之称谓，取"环境金融"，并认为"环境金融"的表述比"绿色金融"等更显确切。"绿色金融"这类概念更多表达的是环境与可持续发展对金融业的影响，而淡化了金融参与环境治理之目的，绿色金融的类型表现上也特别针对金融业的绿色信贷业务，从发展低碳经济与循环经济的角度出发，透过金融业的相关业务创新及管理方式的改变，从金融业发展本身出发研究如何避免因环境问题而造成的对金融行业发展的不利影响以实现其可持续的发展，减少和抵消金融行为对环境的不利影响，其落脚点在于对金融行业自身进行"绿化"。在实践层面，绿色金融的实际效果非常有限，很多情况下，只是金融业在面对环境保护压力时不得不采取的形式上的"漂绿"，并且目前国内谈及的"绿色金融"等大多局限于通过银行发放贷款的环境审批来限制污染企业的融资，即"绿色信贷"，其内涵与外延都明显小于但不限于投融资、环境信托、环境基金与保险、环境资本证券化与环境期货、期权等金融衍生品在内的"环境金融"，故"绿色金融"这一概念只能是"环境金融"的组成部分之一。

与可持续金融包含除环境要素外的社会、公司治理因素相比，环境金融聚焦于对金融产生影响的环境要素，以及这些要素与金融手段相结合后形成的以环境产权为基础的金融产品及市场体系，其所产生的环境影响和环境利益会直接影响金融机构所有层面的可持续发展的实践，环境金融体现为从简单地提高能效，到嵌入环境问题、社会责任和公司治理等多个因素的顶层制度设计。[①] 此外，将环境金融纳入环境治理领域为其赋予

———————

① 联合国环境规划署金融行动机构（United Nations Environment Program Finance Initiative，UNEP FI）负责人克莱门茨·亨特也认为：可持续金融与绿色金融是两个有重叠部分的概念。可持续金融关注的金融策略，是顾及环境、社会和公司治理因素的。绿色金融是一个指向更明确的概念，因为它主要考虑的是金融业行为的"绿化"，集中体现于绿色信贷。

了更多的环境功能与社会价值，它将成为环境治理的新型工具，即把金融创新机制引入环境治理，使之发挥环境利益与经济利益的共进以及风险分担功能。

上述称谓的不同只是金融创新过程，新的盈利模式、业务制度安排的侧重有所不同的一些表征。当然，无论何种称谓，围绕实现环境治理这一目标，其本质都应当是以金融为手段、环境治理为目标并最终作用于人类与自然的可持续发展。

二　环境金融与碳金融

碳金融的国际实践发端于 1999 年，迄今历经近 20 年的发展过程，是被广泛应用和讨论的环境金融分支之一。其构建也是以对环境经济学与环境金融的研究为基础的，无论从碳金融内在发展逻辑还是其历史演进来看，碳金融都是环境金融的重要组成部分，是碳排放权交易与碳市场发展的金融模式，也是环境金融在应对气候变化领域经过实践而延伸出的下位概念。

从学术源起来看，排放权交易的产生直接促成了 20 世纪 90 年代环境金融研究的兴起，大多数学者认同环境金融是金融业根据环境产业的需求而进行的金融创新，是提高环境质量、转移环境风险的融资行为或过程，在这样的研究背景下，环境金融是环境经济学的一门分支学科，其功能仍然限于为经济与金融行业发展服务，而环境金融这一环境治理新模式的出现也得益于碳金融的促进。

20 世纪 90 年代后，随着气候问题及温室气体减排成为国际环境的第一课题，加之国际法层面的《联合国气候变化框架公约》和《京都议定书》的订立提供了市场机制参与环境治理的可能性，温室气体减排量一旦融入市场领域，就会极有力地推动过去那种环境资源从"免费"到"有价"的转变，成为可供交易的稀缺商品。正是这种从无价到有价的转变直接推动了全球碳市场与碳金融的形成与发展，并随着环境问题中的气候问题的凸显进而成为环境金融首屈一指的发展模式。

目前谈及环境金融，首先为人所熟知的便是大名鼎鼎的碳金融，但实际上先有环境金融，后将之引入碳排放权的市场交易之中才形成了碳金融，在国外的学术研究中，以索尼亚·拉巴特与罗德尼·怀特为代表的学者也认为："碳金融是环境金融的一个分支，是环境金融在一个二氧化碳与其他温室气体存在可交易的排放许可的世界里的新发展。"[1] 探讨与碳限制有关的社会财务风险和机会，提供和应用市场机制转移环境风险和促进环境目标的实现方案，开创了环境金融的研究新方向即碳金融。

故碳金融是从环境金融应对气候变化方面延伸出的概念，在此基础上又逐步揭示出金融工具以及金融市场在应对气候变化方面的投融资功能以及环境风险管理功能，并产生了丰富的案例来实践碳金融的市场操作机制[2]，又以碳金融的理论发展与实践为基础，逐步确立了更广义的把市场力量引入环境治理中的新方法——即本书所论及的参与环境治理的环境金融。

---

① ［美］索尼亚·拉巴特、罗德尼·怀特：《碳金融》，王震译，石油工业出版社2010年版，第146—160页。

② 严琼芳：《碳金融研究述评——兼论环境金融与碳金融的关系》，《理论月刊》2011年第12期。

第二节　环境金融的特征

　　环境金融作为一项以治理环境和可持续发展为终极目标的金融创新，有着其特定的属性和多样化的表现形式，通过对目前已经广泛存在的环境金融参与到环境产业中的实践以及环境金融的相关理论，环境金融在平衡经济发展与环境保护关系中不同于以往的行政命令与市场调整的主要特征可以归纳为：利益兼容性、战略治理性、高风险性及国际性。

一　利益兼容性：环境公益与社会福利的增进

　　环境污染、资源短缺、生态脆弱、环境容量严重不足等已经成为制约人类生存与发展的重大问题，环境利益与经济利益产生了对立甚至冲突，基于环境问题的严重性，世界各国都制定了环境保护的政策与法律，其核心就是不能以牺牲环境为代价来换取经济利益，虽然环境法也强调环境与经济、社会协调发展这一原则，也制定了多项环境经济调节手段如环境税费政策等，但在实践中仍然难以达到经济与环境保护共同发展的目标。由于环境问题的特殊性，其涉及各种利益类型，要构建环境利益的协调机制需要协调各种复杂的利益关系如各主权国家、国际组织、区域间、各行政部门间、地区间、行业间的利益矛盾，这些矛盾导致要实现环境利益与经济利益以及其他社会利益的兼容与共进存在较多阻碍。这种"利益的不兼容"也是当前我国的环境资源管理以及从行政管理向环境治理过渡过程中较为突出的矛盾之一。① 环境金融是建立在环境保护所产生的公益与经济发展带来的社会福利增进的利益兼容性之上的。环境金融的出现，不仅是一种治理手段的创新，更是利益的创新，它是现代金融业与环境治理共同发展的新产物，不仅是对传统金融行业的延伸和扩展，也是一种新的环境保护手段和利益增进机制。

所谓利益兼容性是指环境金融不同于以往的环境保护调节手段中的"放缓经济增长"，强调不能以牺牲环境来换取经济发展以至要求经济利益让位于环境利益，长远利益让位于短期GDP增长等诸多环保优先的表现方式，环境金融的优势就在于可以同时容纳环境保护与经济利益的双重甚至是多重要求，这是由金融市场的规律决定的。融资的目的就是为了产生经济效益，使各项资源得到最优配置，而环境金融不仅包括对经济利益的期权，还融入了环境保护这一目的，使得这两种利益可以兼容而且均衡，这种利益兼容性体现了可持续发展的核心理念，只有达成利益的兼容才能减少矛盾与冲突，这既符合环境伦理与经济伦理，也与市场规律和社会发展的总体目标相一致。

这种利益兼容性在环境金融的市场体系与机制较为完善的情形下，特别是企业与政府行为具备充分合理性的条件下，通过金融调控能够促使污染者采用最佳方式进行污染控制，通过环境成本的测算既有利于污染治理又能获得相应的经济效益。

---

① 谢红宇：《构建我国环境资源管理的利益相容机制》，《企业家天地》2007年第9期。

二　战略治理性：资源战略与环境多元参与

环境金融是多元化多层次的环境治理体系中的一环，是治理理论在环境问题上的运用，是以管理为主导的政府垄断模式向多元主体共同参与的治理模式的战略转变在金融机制上的体现。

金融手段本身具有较强的预测性，这种预测性反映在具体环境金融行为中，例如环境信贷行为中，可以于投资前充分运用金融对资本的调控力度，对那些有可能造成污染的企业或项目进行环境影响评估，达不到绿色信贷条件的不发放贷款，使其难以投入生产，这在一定程度上就减轻甚至避免了可能造成的环境污染。这种预测性不仅可以作用于具体的金融项目或行为，还可以在政策制定领域发挥一定的作用，通过金融机制引导资金流向，有利于转变经济和能源结构，使环境经济政策目标向以预防为主的较高阶段扩展，因而具有一定的战略性。

环境治理所强调的环境公益本质上是一个多方参与、协调合作的涵盖民众观点多元性和身份复杂性的新型公共服务体系。由于政府垄断性的存在、环境要素的不确定性以及政府与社会层面的信息不完全、信息不对称等制约，政府这只"有形的手"并不能使资源的配置状态达到最优。传统法学研究及社会实践对于环境问题的内部化，通常采用经济调节杠杆如征收环境税、生态税、排污费和补偿费等，环境问题的外部性和自然资源的复杂性，使得某些环境要素难以进入市场，而这类"市场刺激"使环境要素能够进入市场自由流通，但由于产权关系不明确，仅靠一般的经济杠杆调节环境利益，其实质还是行政权对环境资源和利益的配置，是另外一种形式的政府干预行为，并非完全意义上的市场调节，因而其作用也是相当有限的。

而环境金融的出现改变了这一现状，作为一种全新的交易方式，环境金融强调市场化的参与，是典型的环境公共物品与私权属性重叠的交易，另一方面，环境金融交易产生的资产收入，无论是碳交易还是其他环境金融衍生品，都是在全球气候变化这一大背景下演变而来的，带有浓厚的国际经济与政治格局变迁与角力的色彩，它不仅是一项经济行为、一种以环境为参与要素的特殊交易，更是一种宝贵的战略资源，对于全球环境治理而言如是，对于任何一主权国家特别是发展中国家更是如此。如何把握环境金融的发展使其带动环境治理的完善，如何在国际规则的制定与实施中掌握更多的话语权而不至于成为这场由西方发达国家发起的"气候游戏"中的被动方而被驱逐出核心利益圈，都需要全盘考虑以上诸多因素，这也是环境金融对人类发出的挑战。因此，高度的战略性与治理性，构成了环境金融的又一大主要特征。

三 国际性：环境问题全球化与金融资本国际化

全球金融一体化和经济金融化已经成为未来经济、社会发展的主流趋势且其重要程度日益加深，跨国的国际金融活动愈加频繁，国与国的经济交往除了国际贸易这种传统形式以外，国际的金融合作也日益成为国际经济交往的主题之一，影响更为巨大。

一方面，金融业本身在走向国际化，以市场为依托进行的金融活动需要进入更宽广的领域即国际金融市场，越来越

多的跨国金融机构和金融业务纷纷涌现；另一方面由于环境
问题本身的国际性与全球性，决定了这是人类必须共同面对
并且需要多方合作才能控制和解决的问题。

首先，环境问题特别是气候变暖的影响是全球性的，这决
定了环境金融具有全球跨度的特征；其次，从经济学上看，低
碳减排和经济发展之间存在某种程度的替代关系，意味着各大
国之间在气候治理问题上会展开激烈的政治、经济博弈；最后，
应对气候问题的治理原则是在降低碳排放与经济增长之间达到
平衡，这一点也正是环境金融的功能所在，而气候变化对全世
界的影响都是广泛而深远的，其治理过程也是长期性的。在这
种背景下，加之全球化和国际化步伐的加速、信息技术和知识
经济的兴起、后现代化思潮的不断扩散、市民社会的逐步崛起
以及现代民主化进程的推进，环境这种特殊的公益也不再只属
于国家的管辖范畴，金融业更不可能只局限于一国范围。由此
可见，环境金融的国际性从其产生之日起就已形成。

四 高风险性：金融与生态安全

金融本身就是高风险的行业，这种高度货币化的信用体系
决定了它的不确定性和投机因素的存在，特别是在全球经济一
体化、金融资本国际化的大趋势下，它不仅关系到单个投资者
的利益，还关系到一国甚至全球经济的稳定。金融工具交易盈
亏的不稳定性是金融业高风险的重要原因，金融行业的交易方
是通过预测利率、汇率、股价等相关因素的变动趋势，选择是
否交易或是否设置交易条件，无论哪一种金融工具，都会影响
交易者在未来一段时间内或者未来时间点上的现金流，具有明

显的不确定性或高风险性，运用金融工具的交易后果取决于交易者对多种因素的预测和判断。高收益也意味着投资者所承受的损失风险成倍放大，金融安全是经济安全和社会可持续发展的重要保障，每个国家都面临着金融风险，对发展中国家而言尤其要引起高度重视和警惕。

环境金融作为一种新的金融交易形式，在享有金融系统融资优势和风险转移与分担功能的同时也不可避免的具备高风险的特征。这种风险性表现为它易受政策、制度、政治、宏观经济形势、市场投资需求、通胀风险、利率汇率变动、全球经济形势等的影响。[①] 我国的环境金融和世界上大多数发展中国家一样仍处于起步阶段，缺乏相应的法律规范和行业规则对交易主体、交易项目等进行调整，对环境金融的监督管理也缺乏约束机制。在市场的自律作用相当有限的情况下，环境金融的风险性也就越高。

第三节　环境金融交易形式

以金融机构的业务模式以及不同业务类型的金融机构和资金流向为标准，结合目前国际上现有的环境金融交易实践，可以将环境金融的表现形式划分为：投融资信贷类、环境基金类、信托类、资产证券类、保险类、保理类以及其他结构性理财产品七类。

---

① 孙斌：《金融风险的原因及防范对策研究》，《中国安全科学学报》2007 年第 7 期。

一　投融资信贷类

对环保行业及促进低碳经济发展的相关项目进行投融资是金融业的基本业务之一，包括财政投融资与商业投融资两种方式。环保产业的发展必然离不开强大的资金支持，但是单单只靠传统的政府财政特别是在政府财政收入与环保投入都极为有限的情况下，社会多元投资就显得更为重要。环境金融恰好可以较好地补充多元化的投融资主体，除传统的政府财政投入外，环境金融还囊括了企业投资、社会公众投资甚至跨国信贷、来源于国际金融组织的优惠贷款等国外投资进入本国发展环境金融、推动绿色发展。

以碳金融为例，低碳经济的进一步发展给金融资本提供了巨大的利益前景，这给了金融资本参与环境治理的强大动力。以碳交易为基础开发出的金融产品中最基础的一项就是流动资金与项目贷款（如商业银行碳权质押贷款）及相关权属的融资租赁（典型的是碳排放权融资租赁）。对中国金融业而言，这既是应对低碳与全球环境问题的一种创新式挑战，同时也是与国际金融接轨的重大机遇，2006 年 5 月，中国兴业银行与国际金融公司签署《能源效率融资项目合作协议》，标志着兴业银行成为首家与国际金融公司开展中国能效融资项目合作的中国银行，自此中国也开启了碳权投融资的新型金融模式。① 以 CDM 项目为例，一些银行针对已经在联合国完成注册的 CDM 项目，以其

---

① 张华宇：《探索低碳金融模式、转变经济增长方式》，《中国金融家》2010 年第 5期。

可以预期的和相对可靠的 CER[①] 收益作为信贷担保为这些企业提供专项的投融资服务。还有些金融机构对拥有可再生能源技术和资产的新能源企业，用投融资方式直接介入企业生产与经营管理过程之中，从这一意义上说金融行业正在开始全面地融入环境治理之中。

1992 年联合国环境与发展大会以后，国际金融组织更加重视金融业发展中的环境保护诉求，为使相关金融项目更加符合环境保护要求而调整其投融资的信贷方针。世界银行、亚洲银行等全球较大的金融机构都设有贷款年限相对较长、利率相对较低的环境保护工程项目的信贷业务。相对于关注投资利益的外商直接投资和向贷款国输出本国的技术和设备的外国政府贷款而言，国际金融组织的环境金融投融资信贷以推动环保产业的发展为目标的优惠贷款更重视环境保护，能够更有力地支持环保项目的实施。[②] 任何金融市场的活动都离不开宏观经济的背景与趋势，离不开产业或行业经济活动的变化与走势，在全球气候变化的大背景下，中国的投融资环境金融项目要紧跟国家产业政策，大力扶持节能减排、森林碳汇、新能源开发等环保低碳企业。

在分析上述投融资信贷优势的同时，也应看到投融资类环境金融存在着周期较长、政策风险以及企业资信不足等问题，属于环境金融的初级产品，在市场与法制配套还不完善的情况

---

① 核证减排量（Certification Emission Reduction，CER）是 CDM 中的特定术语，指联合国执行理事会（EB）向实施清洁发展机制项目的企业颁发的经过指定经营实体（DOE）核查证实的温室气体减排量。只有联合国向企业颁发了 CER 证书之后，减排指标才能在国际碳市场上交易。

② 胡畔、杨树旺：《我国环保投融资机制创新研究》，《时代经贸（下旬刊）》2008 年第 8 期。

下，银行等信贷机构应当注意加强对投融资流程、审核和风险的管理力度。

二　环境基金类

所谓环境基金，是指以促进环境要素合理配置，预防和治理环境问题为目的而设立的一定数量的具有收益性功能和增值潜能等特点的资金。① 环境基金类金融产品目前在全球发展极为迅速，早在1990年联合国就发起建立了全球环境基金②，目前全球环境基金涉及的项目主要有生物多样性、气候变化、国际水域、臭氧消耗等，世界上最早的一支环境基金是1988年英国发行的Merlin生态基金。世界银行在2004年推出世界上首例的"原型碳基金"③，目前世界银行已设立多支碳基金，总融资额高达数十亿美元。我国设立的环境基金机构也比较多，有代表性的是2006年成立的、旨在购买各种不同类型的CDM项目产生的减排量尤其是各类可再生能源项目。④

① 目前的环境基金可以有针对性地对特定目标客户群开发设计并销售资金投资和管理计划，也有面向普通公众投资者的开放式基金管理计划。这类环境金融可以将客户闲散的资金聚集起来形成专门的环境类基金，例如碳基金就可以用于为具有良好清洁发展机制项目开发潜质和信用记录的企业提供CDM项目开发专项基金。

② 这一国际环境金融机构是由联合国开发计划署、联合国环境规划署和世界银行共同管理，其宗旨是以提供资金援助和转让无害技术等方式帮助发展中国家实施防止气候变化、保护生物物种、保护水资源、减少对臭氧层的破坏等保护全球环境的项目。

③ 原型碳基金系由世界银行所建立，目的是透过市场机制，促进金融及气候改善技术移转至发展中国家，创造排放减量的市场。该基金的资金来源于各国政府及民间企业的赞助，基金投资发展中国家及经济转型国家的清洁能源，降低温室气体排放量。这些排放减少量在经过核查及验证后，移转给计划的参与者。

④ 孙力军：《国内外碳信用市场发展与我国碳金融产品创新研究》，《经济纵横》2010年第6期。

除全球环境基金外，环境基金的发起人还包括国际和区域金融组织、政府和私人部门。按照环境基金产品开发主体的不同又可分为以下三类：第一类是政府部门发起或联合开发的旨在降低本地区或某一行业的减排而开的基金；第二类是政策性金融机构开发的基金产品；第三类是各种金融机构如证券公司、商业银行、基金公司等开发的以营利为目的、可为投资者提供较高回报的环境基金。

自 2007 年起，私募基金的数量开始超过政府机构主导的基金，比较有代表性的有挪威点碳公司、欧洲碳基金等。截至 2010 年的数据显示，全球约有 50 家碳基金融资企业，总融资额已经超过 23 亿美元，促成 186 个项目①，环境基金产品的市场化开启了加速发展模式。

三　环境金融信托类

环境信托是为具有环保意识和环境金融知识的企业设立的环境信托投资基金，将资金投资于低碳、新能源等循环经济的开发项目之中，环境金融信托目前发展较快的仍然是碳信托投资。碳信托的主要目标和期待达成的效果是提供相关专家咨询、资助和认证服务，帮助企业和公共部门减少碳足迹，引导资本流向低碳行业、刺激市场对低碳产品和服务的需求，加速节能与新能源技术进展，推动循环经济的发展。

开展碳信托业务的金融机构与进行碳交易的公司进行合作，可根据企业不同的需求对具有清洁发展机制（CDM）开发潜力

---

① 郇志坚、李青：《碳金融：原理、功能与风险》，《金融发展评论》2010 年第 8 期。

的项目获得相应的 CERs[①] 指标进行处理。一般来说加入碳信托计划的企业通常有两种选择：一是短期交易，企业仅以买卖 CERs 指标来获取一定收益为目的，由信托机构将该企业能够分配到的 CERs 指标在碳交易市场出售后支付一定的利润给该企业；二是对于有长远战略眼光的企业来说，考虑到未来的减排目标需要使用这些 CERs，信托机构就会根据投资者投资额所缴纳的信托资金按照当时的市场价格换算成相应核证减排量指标配额分配给该企业，以备未来之需。[②]

目前全球范围内较有影响力的是英国碳信托公司，这是一家于 2001 年由英国政府创办的在全球较为领先的低碳技术机构之一，通过与其他机构合作以促进碳减排以及开发具有商业可用性的低碳技术，从而加速节能、迈向低碳经济。预计到 2050年，英国碳信托公司在新技术商业化方面所开展的工作，将有助于每年减少超过 2000 万吨的二氧化碳排放量。[③]

四　环境金融资产证券类

环境金融资产的证券化是指开展环境金融业务的机构或企业将其持有的资产出售或担保，设计并发行新形态的证券，公开出卖给市场投资者以实现融资，是减缓资产流动性压力、提高自身竞争力的一种有效措施。目前已经开展的环境金融证券

---

① 清洁发展机制的减排单位。

② 王留之、宋阳：《略论我国碳交易的金融创新及其风险防范》，《现代财经——天津财经大学学报》2009 年第 6 期。

③ 《中国节能与英国碳信托合资共推低碳经济》，http：//business.sohu.com/20090909/n266583749.shtml；王淼：《WTO 规则对低碳经济的约束与激励》，博士学位论文，吉林大学，2011 年，第 165—170 页。

业务主要有合同能源管理证券化与碳资产的证券化。合同能源管理证券化交易是指基于将实施节能投资的企业或者机构的总体投资额按照一定单位份额进行拆分，再由一般投资人进场认购，这样做市商①所占有的份额就可以分散到每一个投资人项下，进而完成交易。② 碳资产证券化是指拥有碳资产的企业将具有开发潜力的清洁发展机制项目如碳资产，卖给有特殊目的的机构或公司，一般情况以投资银行居多，再将这些碳资产所产生的 CERs 收益作为现金流在证券交易市场上发行有价证券以达到融资目的，最后用碳产权的收益来清偿所发行的有价证券中的债券部分。目前市场上的环境金融证券品种主要有环境股指期货、环境权证交易等。以碳权证为例，在碳排放限量基础上形成的碳排放权权证交易是发行人与持有人之间的契约关系，碳权持有人向权证发行人支付一定数量的价金之后就从发行人那里获取相应的权利，这种权利可以使碳权持有人在将来某一特定时期以之前约定的价格向权证发行人购买或出售一定数量的资产，达到碳权与资产之间的交换。

目前各主要证券交易所也大量开展了环境证券业务，例如纽约泛欧交易所 2008 年推出了"低碳 100 欧洲指数"，美国标

---

① 做市商制度是交易报价制度的一种，已有几百年的历史，它在金融市场所起的作用已获得各界共识：做市商制度具有活跃市场、稳定市场的功能，其依靠公开、有序、竞争性的报价驱动机制，保障市场交易的规范和效率，是市场经济发展到一定阶段的必然产物，是提高市场流动性和稳定市场运行、规范发展市场的有效手段。

② 合同能源管理（Energy Management Contract，简称 EMC）是 20 世纪 70 年代在西方发达国家开始发展起来的一种基于市场运作的全新的节能新机制。合同能源管理不是推销产品或技术，而是推销一种减少能源成本的财务管理方法。EMC 公司的经营机制是一种节能投资服务管理；客户见到节能效益后，EMC 公司才与客户一起分享节能成果，取得双赢的效果。基于这种机制运作、以营利为直接目的的专业化"节能服务公司"（在国外简称 ESCO，国内简称 EMC）的发展亦十分迅速，已发展成为一种新兴的节能产业。

准普尔等也建立了"碳金融指数",在这些指数基础之上,各大
金融机构都积极创建其他环境证券产品。

环境资产的证券化有利于提高资产流动性并且便于及时转
移风险,促进金融资本快速融入环境金融市场,有助于增强市
场活力。但是,环境金融证券化是目前所有环境金融类型中风
险最大、最为复杂并且发展最为迟缓的。我国目前已经有了第
一家环境金融证券化交易平台——2011 年 7 月正式成立的青海
环境能源交易所,是以节能量区域交易创新、碳资产证券化的
交易、三江源标准系列开发、环境金融衍生品研发、合同能源
管理证券化等为主要业务的综合型环境金融服务及交易平台。
此外,我国也已经开始尝试采用 BOT① 方式进行环保融资以及资
产证券化融资。基于我国目前的环境金融发展以及金融市场本身
的不规范性,根据现行法律如《商业银行法》的规定,中国的商
业银行不能直接参与清洁技术 PE 投资,但是环境金融证券化仍
然是非常值得期待与关注的一种环境金融类型。在现代经济中,
证券市场的筹资功能越来越明显,充分发挥股票、债券等证券产
品参与支持环境治理是未来环境金融类型中的重点和难点。

五　环境金融保险类

保险业是金融业的三大支柱之一,作为环境金融的重要组
成部分的环境保险的发展、运行及研究相比其他环境金融表现
形式开展得更早。愈发严重的环境污染和环境问题使人们认识

---

① BOT 是私人资本参与基础设施建设,向社会提供公共服务的一种特殊的投资方式,
包括建设、经营、移交三个过程。

到环境问题的治理绝非政府和企业的事情,它需要全社会的参与。环境金融保险是指对环境金融项目交易中存在的风险如价格波动、交付风险以及不能通过监管部门的认证等可能给投资者或贷款人造成损失的不确定性因素进行投保的行为。

最早出现在环境领域的保险险种是环境责任保险,这种保险以被保险人因污染环境而应承担的损害赔偿和治理责任为保险标的。环境保险类金融业务类型除了环境责任保险之外,还有新近发展起来的碳交易保险。碳交易保险是指对碳金融风险所产生的保险,广义上包括对所有低碳产业的保险,狭义上仅指对碳排放权交易风险的保险。

保险或担保机构的介入进行必要的风险分散,提供相应的担保以促进项目的流动性,这种较强的转移风险的功能能够有效地降低企业经营负担、减少政府环境压力、降低环境金融的交易成本。

六 保理业务类

《国际保理公约》将保理(又称托收保付)定义为卖方、供应商或出口商与保理商之间存在的一种契约关系。通常情况下由银行与卖方企业签署合同,卖方企业将采用赊销方式进行交易所形成的应收账款转让给银行,银行对其提供综合性金融服务,包括融资、应收账款管理、应收账款催收、坏账担保和信用风险担保等。①

---

① 王留之、宋阳:《论我国碳交易金融创新及其风险防范》,《现代财经》2009 年第 6 期。

随着国际贸易竞争的日益激烈以及国际环境金融的进一步发展，买方市场的趋势日益明显，赊销日益盛行。这种对卖方极为不利的交易模式需要由环境金融保理来加以平衡。保理业务核心在于应收账款转让，以 CDM 交易中的风电与小水电项目为例，对于获得 CERs 签发认证的企业来说，为了保证其应收账款，它们可以通过环境金融保理这一方式要求银行或其他金融机构为卖方企业提供一笔有追索权的保理融资，买方企业在出售 CERs 后就能够向银行分期支付应收账款。保理业务得以在世界范围内迅速发展，主要缘于其能够很好地解决赊销中的出口商资金占压和进口商的信用风险问题。①

七　其他结构类理财产品

结构类理财产品是环境金融机构针对社会公众散户推出的与环境指数相关的金融产品，这类环境金融产品具有明显的短期性与替代性，其创设方式也较为简单，国外银行在结构类理财产品的创新与实践比较丰富，如荷兰银行于 2007 年 4 月 29 日在上海推出以荷银首创的"荷银气候变化与环境指数"作为挂钩标的的外汇理财产品，使中国投资者有机会参与全球约 30 家与洁净再生能源、水资源、废物处理、生物乙醇、铂钯开采等与环境改善有关的行业中分享投资回报②；德意志银行也于 2007 年 10 月 16 日在北京和上海两地的支行网点同时推出挂钩

---

① 孙力军：《国内外碳信用市场发展与我国碳金融产品创新研究》，《经济纵横》2010 年第 6 期。

② 《荷兰银行首创挂钩气候变化与环境指数理财产品》，《证券日服》2007 年 5 月 9 日。

"德银 DWS 环球气候变化基金" 的结构性投资产品。[①] 意大利联合国信贷银行发行 WWF-UniCreltt 卡，以持卡人消费额的约 0.3% 用以支持自然保护区的动植物保护、迁徙通道维护、反偷猎以及污染防治等活动。[②] 中国国内的银行也纷纷推出相关产品，如 2007 年 8 月深圳发展银行正式推出国内第一支 "二氧化碳挂钩型" 人民币和美元理财产品；中国银行北京分行和上海分行分别于 2007 年 8 月 20 日和 8 月 27 日公开发售 "挂钩二氧化碳排放额度期货价格" 的本外币理财产品。[③] 2010 年兴业银行发行针对个人绿色信用、实现个人碳中和的 "低碳信用卡"，同年，光大银行也推出了类似的 "零碳信用卡"。由于这类结构性理财产品从程序到内容都相对简单，竞争性小，成本较低，所以很多银行都开展了此类业务。

第四节　环境金融与环境法

一　行政监管向经济诱因的研究转向

传统法学研究及社会实践对于环境问题的内部化所通常采用经济调节杠杆如征收环境税、生态税、排污费和补偿费等，其实质仍然是行政权配置环境资源和利益，是典型的政府干预行为而非真正意义上的市场调节。人们已逐步认识到行政管理的弊端和不足，比如行政权力派生的监管空缺和权力寻租等，

---

① 《环保带来财富机会》，《上海金融报》2007 年 10 月 19 日第 B04 版。
② 郑中：《欧美大型银行环境金融业务研究》，《银行业经营管理》2013 年第 8 期。
③ 王增武、袁增霆：《碳金融市场中的产品创新》，《中国金融》2009 年第 24 期。

没有市场机制的引入，仅通过企业和个人的自愿或强制行为是无法达到环保与经济协调发展的目标的。环境金融的出现正是市场对环境保护问题的一种积极回应，以"排放权理论"为基础形成的一系列环境金融制度将有效地刺激社会各主体的利益需求和环保积极性，实现环境利益的产权化与环境保护的市场化。环境金融不仅运用了传统的行政管理手段，更多地体现了经济特别是金融手段治理环境的理念和趋势——在促进经济发展的同时实现环境质量的优化；另一方面，金融已成为现代经济的核心，是国民经济链条中举足轻重的一环，宏观经济的稳健运行有赖于金融的稳定和可持续发展，而金融的可持续发展又需要以环境保护为前提和基础。

环境金融是对传统金融行业的延伸和扩展，是现代金融业发展的新产物。同时，环境金融也是对传统法律及法学研究的新挑战：一方面，环境金融涉及大量复杂的法律问题，它更强调实现可持续性金融，传统法学的分支如金融法、民法、国际贸易法等已经不能完全涵盖，这使得具有高度学科交叉性和以可持续发展为核心理念的环境法学的功能得到更大程度施展。另一方面，环境金融的建立与发展也有赖于相关法律规范的整合与创设。环境金融的法律发展就是将与金融相关的环境保护的法律主体、原则、规则、制度以及风险管理进行法定化，从而实现环境金融法律目标的过程。

二　环境法新领域的价值显现

（一）理论价值

环境金融作为一种新的金融工具，已经广泛存在并参与全球环境治理，从发展清洁生产、循环经济、低碳经济、绿色贸易等环境产业到作为环境经济调节的重要手段参与环境治理过程之中。因其涉及环保与金融，使它本身具有复合性，这种多元组合也使得环境金融成为一门新兴学科。环境属性、经济属性与法律属性的交叉，也使其具备多视角研究的丰富内涵。在环境金融的诸多构成要素中，法律规范是最重要的要素之一。从法律规范特别是环境法规范视角研究环境金融，探索总结环境金融的相关法律问题并与我国的现实相结合，才能为我国环境金融立法及管制提供良好的借鉴。

全球金融一体化与环境金融交易的出现，促使环境金融国际化的程度日益加深，以碳交易为例，目前国际法认可的交易方式主要有两种，一种是发达国家之间的配额交易，另一种是发达国家与发展中国家之间的基于 CDM 项目机制的碳汇交易。无论是哪一种，对于碳交易本身而言都存在显著的国际化特征。它表现为一种国际法律关系，交易主体、交易内容都具有明显的跨国性、法律性。不仅受到国际公法、国际经济法、国际环境法的调整，而且对于交易主体所在国而言，国内法的适用也具有相当大的空间，如国内的金融法、环境保护法、对外贸易法等。因此，有必要使环境金融突破现有的仅限于环境经济学研究的范围，将其视域扩展到法学特别是环境法学，为其注入法学的内涵，丰富其内在价值与现实功能。

（二）现实功能

环境恶化的问题对金融业的发展也会产生消极的负面影响，环保时代的来临也对金融行业提出了更高的要求和更严峻的挑战，从这一层面上看，环境问题的金融化与金融行业的环境化必将上演。

自 1992 年全球 150 多个国家参与制定并签署《联合国气候变化框架公约》及其附件《京都议定书》以来，减排与低碳已成为国际社会关注的焦点，排放权的交易市场已经建立。以科斯定理为核心的资源产权理论认为排放权的私权属性是其能够进入市场流通领域的基础，碳排放权本身的稀缺性，使得与之相关的金融衍生产品也被国际各经济实体争相热捧，金融资本已经大规模地介入国际环境领域。①

碳金融的迅速发展也带动了其他环境金融产品如绿色信贷、环保基金、环境证券、排放权证交付保险、碳权担保及信托的发展，出现了在此基础上的各种金融创新产品。环境金融已经逐步进入世界各大银行、保险公司、基金、证券交易及期货市场，成为现代金融业中的一项极具发展潜力的重头业务。在我国，自 2007 年国家环保总局中国银行业监督管理委员会和中国人民银行联合出台《关于落实环保政策法规防范信贷风险的意见》《关于加强上市公司环境保护监督管理工作的指导意见》等规范性文件之后，又相继出台了多部环境金融的相关政策规定。绿色信贷、环境保险等多类环境金融衍生产品已经产生，金融手段也由此成为我国环境治理的又一项重要手段。

环境金融的出现，是对传统金融业的突破和创新，其实质是通过政府配额与市场机制的双重作用，将环境负外部性内部化从而实现环境利益经济化的过程。中国和世界一样，都面临着以环境为发展成本的巨大代价和应对气候变化的双重挑战，

----

① 以欧盟的碳交易市场为例，2008 年其交易额就达 919.1 亿美元，占全球的 72.7%。2005—2008 年，全球碳交易的年均增长率已突破 100%，成倍数的上涨使得碳交易日益成为全球市场新的经济增长点。

但目前的国际交易规则基本上是由发达国家发起制定，要想在与发达国家的利益博弈中胜出，创建我国的环境金融市场就显得尤为迫切。有市场的存在就离不开法律的调整，环境金融涉及的内容非常广泛，是环境法学的一项崭新课题。因此，有必要研究环境金融的相关法律问题，从理论上进行研究完善，设计出科学合理的环境金融法律制度体系，同时也需要对实践操作层面进行深入探讨。①

三　环境金融研究现状

（一）国外文献研究综述

环境的恶化迫使社会各个方面都面临着严峻的挑战，在一些发达国家，环境金融已经成为学术研究的热点。在国外，环境金融的提出始于 20 世纪 90 年代中期，在此之前，国外学者认为传统的公共物品理论足以解释与环境有关的金融交易，对环境金融的理论基础和体系问题并未进行深入研究。1992 年，联合国环境与发展大会以可持续发展为指导方针制定并通过了《里约环境与发展宣言》和《21 世纪议程》，1997 年 12 月签订了《京都议定书》，2002 年 10 月国际金融公司联系荷兰银行等 9 家商业银行又制定了《环境与社会风险的项目融资指南》即"赤道原则"（The Equator Principles），自此有关环保的绿色革命开始席卷欧美金融行业，国外学者才逐步把环境问题引入金融与法律的研究之中。一些国际组织、政府部门、学术机构和

---

① 朱景文：《国际标准和中国的法律改革——以贸易、金融和公司治理领域为例》，《法学家》2003 年第 3 期。

金融企业也参与其中，展开了以可持续发展为目标的金融发展战略的深入研究。他们对环境金融的研究主要集中在环境金融的功能、环境风险及管理、资产定价与审核、环境金融工具创新等方面。如 Jose Salazar（1998）对环境金融的功能进行了研究，认为应当寻求保护环境的金融创新；Eric Cowan（1999）通过对环境金融的界定，探讨了发展环境经济融通所需资金的途径。① 著名的金融专家 Marcel Jeucken 于 2001 年出版了《金融可持续发展与银行业》一书，他将银行对待环境保护的态度分为四个阶段：抗拒阶段（Defensive）、规避阶段（Preventive）、积极阶段（Offensive）和可持续发展阶段（Sustainable），分析了金融业和可持续发展的关系，强调了银行在环境问题上的重要作用，展开了对金融在环境保护中作用的探索。索尼亚·拉巴特于 2002 年出版的《环境金融》也是一个代表，该书主要探讨了金融创新与环境的关系、金融服务业如何进行环境风险评价以及提供金融产品。②

目前国际上在环境金融理论研究比较有代表性的专著主要有：

（1）多伦多大学环境研究中心教授索尼亚·拉巴特的《环境金融》，该书对环境金融的产生和功能进行了阐述，介绍了金融部门应对环境风险的具体措施和基于环境保护的金融业务。

（2）索尼亚·拉巴特与罗德尼·怀特合著的《碳金融》，通过丰富的事例和系统的论述揭示了金融市场和金融工具在应对气候变化方面的作用，系统性地分析了气候变化的影响、绿

---

① 朱家贤：《环境金融法研究》，法律出版社 2009 年版，第 25 页。

② 张伟、李培杰：《国内外环境金融研究的进展与前瞻》，《济南大学学报》（社会科学版）2009 年第 2 期。

色贸易下的市场机制和投融资行为以及环境风险未来可能对公司运作的影响。①

（3）《生态金融—市场化环境手段的法律设计和规章》一书主要描述了环境保护和气候变化下的创新型金融业务和金融产品，以及相应的规章制度。

（4）《可持续金融和银行业务——金融部门和地球的未来》一书提出了可持续发展模式对银行的意义，以及环境风险对银行业务的冲击，阐述银行在环保中的行为依据和操作准则，并列举了一些具体案例。

（5）2003 年，美国学者 T. E. Grade 和 B. R. Allenby 的《产业经济学》一书的问世把环境与金融的研究推向了一个新阶段。该书从产业与环境的视角把金融作为服务业的一种，纳入服务业与环境的理论框架中，构建了环境与金融的理论基础。

环境金融领域中比较著名的国际专业期刊是英国富尔顿出版社的《环境金融》杂志，并有官方网站定期发布有关的文章。同时世界银行（WB）、国际金融公司（IFC）、联合国开发署（UNDP）和联合国环境规划署（UNEP）近几年陆续出版了一些相关的研究报告。

应该说，国外的环境金融研究开展得较早也相对成熟和完善。在这些理论研究的基础上形成的环境金融交易制度和交易体系已经广泛运用于实践中，如美国进出口银行已经制定了环境评估政策，从原则上规定了金融项目必须在考虑项目的环境影响之后才能进行决策；英国伦敦金融创新研究中心制订了一

---

① ［美］索尼亚·拉巴特、罗德尼·怀特：《碳金融》，王震译，石油工业出版社 2010 年版，第 179—222 页。

套环境风险评估方案，该方案应用于对企业的环境风险进行评级。此外，国际金融机构也在展开环境金融方面的行动，世界银行开始改变传统的贷款方针，要求贷款项目要符合环境保护要求；亚洲开发银行制定的中期发展战略提出将加强自然资源和生态环境的管理作为战略目标之一。随着环境金融实践的深入进行，国外的理论构建与制度设计也具备现实基础和更为客观的研究对象。

（二）国内研究的起步与发展

目前，国内对环境金融的研究处于起步阶段，尚未形成系统的学科体系，有关环境金融的论述和著作大多来自产业经济学或金融学学者，从法学特别是环境法学的视角对环境金融的相关法律问题展开研究的则更为鲜见。我国环境法及环境法学研究已有30多年的历史。在这30多年里环境法学者对环境法的基础理论、法制建设和法律实践进行了大量研究，取得了丰硕的成果，逐步完善了环境法和金融法各自的相关法规和研究探索，但环境金融无论在立法或研究上都较为滞后。在我国，近年来"环境金融"才作为一个正式的学术概念被提出。

我国对环境金融的学术研究大致是按以下几个阶段逐步推进的：

第一阶段是中国环境金融研究的起步期，2004年之前我国学者关于碳金融的相关文献仅从数量上就足以说明当时研究环境金融的学者和成果都非常少，而此时间段内的文献，从法学理论视角或以金融法、环境法等部门法规范为内容或方法的研究基本为零，研究尚处于起步阶段。

第二阶段是我国环境金融研究的发展期，时间为2005—

2008 年，得益于全球碳交易快速增长，自 2005 年《京都议定书》正式生效后，全球碳交易市场出现了"爆炸式的增长"。基于此，以碳交易为表现形式的碳金融引起学者关注度的上升，相关研究成果从数量上来看也有所增长。

第三阶段是自 2009 年起，哥本哈根气候变化大会明确了全球各主要国家低碳经济的发展方向，进一步催生了低碳金融的发展与创新，同时，中国政府也首次正式对外宣布控制温室气体排放的行动目标，我国要在全球碳市场领域有所作为也势在必行，我国环境金融的发展与研究也进入一个更为快速的发展阶段。[①]

通过对前期研究的内容进行梳理，可以发现：基础理论研究主要集中在低碳经济和碳金融关系研究、环境金融的创新性研究和金融风险防范研究等方面；制度建设研究主要是基于碳交易的碳金融机制、基于节能减排的碳融资等部分。其中，以法学视角或以法理为基础的制度创新和政策调整的研究非常少。这种现状呈现的主要原因不外乎以下两点：一是环境金融本身作为交叉学科的特殊性，经济学、金融学是其必要基础；二是在我国法学研究体系中，环境法的学科边缘化较明显。一方面，环境法学的发展是与环境治理水平紧密相关的，随着对环境问题的重视程度增加，学科介入的力量也逐步增强；另一方面，环境法学科自身也急于寻找独特的理论基础作为学科独立性的依托，故环境法学所表现出的包容性把几乎与环境问题有关的所有学科都加以吸纳。

---

① 乔海曙、谭烨：《2002—2010 年中国碳金融研究文献分析》，《经济与管理》2011 年第 8 期。

2005 年中国海洋大学的张伟博士在他的博士论文《论转轨时期中国环境污染治理设施的投融资方式与创新》中引用了环境金融这一概念。他认为：“环境金融是针对环境保护以及为推动环境友好型产业发展而开展的投融资活动，我国应当加大对环境金融理论与实务的研究，环境金融作为一个全新的治理环境问题的研究视角，有望在将来成为一门独立的学科。”① 王卉彤和陈保启在《环境金融：金融创新和循环经济的双赢路径》一文中介绍了国外关于环境金融的理论，该文也再次提出环境金融的概念，介绍了国外常见环境金融产品，并认为我国发展环境金融、实现金融创新和循环经济双赢的关键在于“一方面金融行业应当努力提高环境责任和环保意识，另一方面要善于捕捉越来越多的环境金融创新机会。金融机构要加快环境金融产品创新，并在制度层面上构建发展环境金融的激励性机制”②。何建奎、江通在《“绿色金融”与经济的可持续发展》一文中从金融自身发展的角度提出了发展环境金融的必要性。该文认为：“环境风险越来越受到金融企业的关注，金融行业如果有不良的环境表现会引起金融投资客户的盈利能力下降，增加客户偿还债务的风险；大量与环境有关的事件正在或者可能对金融行业产生巨大影响；此外，金融企业的利益相关者开始对金融企业提出环境方面的要求，甚至会直接质疑金融机构实施投资的具体原因及环境影响。”③ 由此观之，我国的理论研究主要集

---

①　张伟、李培杰：《国内外环境金融研究的进展与前瞻》，《济南大学学报》（社会科学版）2009 年第 2 期。

②　王卉彤、陈保启：《环境金融：金融创新和循环经济的双赢路径》，《上海金融》2006 年第 6 期。

③　何建奎、江通：《“绿色金融”与经济的可持续发展》，《生态经济》2006 年第 7 期。

中在对环境金融的介绍层面和引用一些西方关于金融与可持续发展研究成果方面，而且其研究的视域也集中在经济学、金融学和管理学方面。从法学视角对环境金融进行研究的主要有朱家贤的《环境金融法研究》一书。该书详细介绍了环境金融法产生的背景及基本结构、以排放权交易为例分析了环境金融的法律属性和相关制度等，提出了环境金融法这一概念，认为环境金融法是以金融手段促进环境保护的法律规范的总称①；华东政法大学的李威在《国际法框架下碳金融的发展》一文中论述了环境金融的一种重要类型——碳金融的发展模式和未来面临问题，他认为："碳金融起源于国际法，是促进有效减排的经济手段。随着碳市场和碳信用的建立发展，国际法框架内外形成的碳交易都需要碳金融的支持和保障，而碳金融自身的发展也需要在国际法框架内获得公平和效率。"②

　　国内比较有影响的研究组织也日益增多，包括政策性、行业协会性以及学术性的专门研究机构。中国环境与发展国际合作委员会（CCICED）成立于 1992 年，该委员会一直致力于探讨我国的环保投融资机制问题。作为非营利性的国际性高级咨询机构，CCICED 负责向中国政府领导层与各级决策者提供前瞻性、战略性、预警性的政策建议以及在全球化、信息化和科技创新背景下基于环境与发展领域的国际经验，提出了应当从间接融资、直接融资和金融系统三方面构建环境金融体系③；2011年 1 月 28 日在北京成立的北京绿色金融协会，也是从事环境金融研究的组织之一。该协会是由北京环境交易所联合国内 30 多

---

① 朱家贤：《环境金融法研究》，法律出版社 2009 年版，第 25 页。

② 李威：《国际法框架下碳金融的发展》，《国际商务研究》2009 年第 4 期。

③ http：//www.china.com.cn/tech/zhuanti/wyh/node_ 7039793.htm.

家知名的金融机构、碳交易相关方、绿色投资企业共同发起成立的，是面向全国并与国际接轨的低碳经济与绿色金融非盈利性同业协会组织，是中国第一家聚焦绿色金融、着力碳市场发展并致力于促进绿色金融研究的民间团体①，全球经济发展模式转型的大背景之下，中国对可持续金融与可持续发展的探索之路由此展开。

　　与国际的研究进展相比，国内的研究进展比较缓慢，环境金融在我国的发展和研究都还处于初创阶段，包括经济学、环境科学及法学在内的各类学科、学者、科研组织或企业都对此问题有所涉足，并从特定的角度进行了一些探讨，但在环境法学界，还鲜有人问津。环境金融作为环境治理的一项重要经济调控手段也应当是环境法学者积极关注的课题之一，从环境法基本理论出发，以可持续发展为逻辑核心，研究探讨环境金融的法律主体、法律价值、立法原则、法律规制和制度建设具有重要的理论意义和现实功能。

（三）研究现状之评价

　　1. 在研究内容上，对如何解决实际问题缺乏深入研究。研究仍然主要集中于碳交易、排放权交易的国际减排框架与履约机制上，对行业、企业（特别是金融业、环保科技企业等）迫切需要解决的一些实际问题（如配额比例的合理性与企业效益、环境金融对环境保护的实际作用）缺乏深入研究，使研究停留在纸面之上，未能实现成果的社会运用价值。

　　2. 在研究方法上，所应用的研究方法单一，以理论研究为

---

　　①　中国新闻网，http://www.chinanews.com/fortune/2011/01-30/2822652.shtml。

主，实证研究相对较少，而在理论研究上又以简单介绍和翻译国外成果为主，结合中国实际的本土化理论几乎没有。当然，这与中国目前的环境金融缺少实践的现状有关。

3. 在研究效果上，目前的研究主要集中于碳金融的创新方面（体系创新、机制创新等），但有可能忽视了所谓的"创新"带来的风险，对风险的评估和制度的效用与操作上可能存在的矛盾与问题预估不足。

可见，我国环境金融的理论研究和操作实践都相对落后，一方面是理论的研究与创新不足，多为对国外的理论引用和介绍，缺乏植根于我国环境金融交易实践、符合我国国情与现状的实证研究；另一方面，因为理论和制度的欠缺，不利于指导国内环境金融的具体操作，出现的问题不能用现有的理论进行解释，制度的空缺导致交易操作中的法律空白地带频频出现，理论与实践的互动较弱，不利于我国参与环境金融国际市场的竞争。

第二章

环境金融的理论肇始

环境价值理论、货币环境价值论、环境产权理论、利益衡量理论、环境治理理论、新公共服务理论等都是环境金融相关法律问题研究必不可少的理论基石。环境治理一直被视为社会公益性事业，这种观念未能充分看清环境资源的经济价值与产权属性，环境的价值缺省是环境问题的一大重要经济诱因，环境金融则挖掘与重现了环境价值，使之不仅可以以权属明确的产品形式流通交易，还能转换甚至创造出新的经济价值。环境金融之所以成为低碳时代的一项重要金融交易，就是缘于用于交易的环境要素可以被计量并且直接表现为货币化的价值形式，环境金融就是在环境产权和排放权理论的基础上，将环境要素的价值以信用货币、证券等方式进行量化交易，将环境价值转化为经济价值。这种转化的实质就是从节能减排保护环境的行为中获利，它改变了过去的以污染环境、耗损资源来获利的模式，是一种新的互利性交易；环境治理的发展，让人们进一步思考及重新界定政府、市场与市民社会在环境领域的相互关系，治理主体转向政府、市场、公众"三元支撑"的多元趋势发展，在环境金融决策和管理上，政府只起引导作用，要建立环境金融自主融资、自担风险的市场机制，避免行政过度干预。

　　在过去很长时间，很多人都认为金融与可持续发展毫无关联、金融与环境更是两个完全不会有交集的概念。但是，环境资源本身的稀缺性使与之相关的金融产品也成为国际各经济体争相热捧的对象，作为调整金融关系的金融法和在环境治理中担当关键角色的环境法理所当然地要关注并反映可持续发展的价值目标和评判尺度，环境金融参与环境治理的制度设计也必然要在相关理论的基础上展开。以科斯定理为核心的资源产权理论认为排放权的私权属性是其能够进入市场流通领域的基础，环境资源具有稀缺性、外部性、非竞争性和不公平性的特征，也是公共物品的特征。作为参与环境治理的金融手段，环境金融的理论肇始主要建立在环境价值理论、货币环境价值理论、环境产权理论、利益衡量理论、环境治理理论和新公共服务理论等基础之上。

第一节　环境价值论

　　人类的发展过程实际上是对价值的创造与诉求的过程①，人类对于价值的认识不仅随着观念的提升而提升，更是基于生产力发展水平的提高而改进，对环境价值的认识历程同样也是一个烙有时代痕迹的渐进过程。

　　环境价值与其他人工资源价值的不同在于：后者可以直接用一般等价物即货币直接表现，而前者的价值表现是间接的，

---

　　① "价值"起源于古梵文，有"围墙、护栏"的意思，其本意是指"对人起保护作用、有掩护和巩固的作用"，后经引申发展成为一个专用名词，《辞海》将其定义为"事物的用途或积极作用"。

有一个从无到有、从不能计量到部分货币化的过程。在环境金融出现之前，人们一直认为价值范畴只能在商品领域中充当社会生产活动的杠杆，商品是价值的唯一载体，认为只有商品才具有价值。这种价值观是非常片面而狭隘的，致使人们对生态与环境资源无所不用其极地进行最大限度的开采使用，无视环境价值，在生产与消费环节中大肆消耗着自然资源，这种环境耗损却没有被计入成本之中。环境价值的缺省是环境问题的重要经济诱因之一，而环境金融则挖掘与重现了环境价值，正视其不仅是人类发展的成本，而且还可以将成本再次转换为价值，不仅可以以权属明确的产品形式流通交易，而且还能创造出新的经济价值。随着我国可持续发展战略的实施、环境金融的渐次开展，环境价值已经愈来愈多地被关注，作为环境金融理论基础的环境价值论经历了从效用价值向劳动价值再向复合价值的变迁。

一 效用价值论

有关环境价值的观点源起于西方经济学中的"效用价值论"，这是最初认识环境价值的一种理论，它认为商品的效用是价值产生的来源，物品之所以被认为具有价值就是因为其有用性的存在。传统的西方经济学认为人的欲望与物品能否满足这种欲望之间的相互关系就可以体现为价值，评定价值的标准是人对物品效用的感受。效用价值论所指的环境价值即为环境的资源有用性，环境的价值来源于其效用，效用是环境价值产生的必要条件。环境对人类是有用的，因此它具有价值。

以环境是人类生存与发展必不可少的物质和能量为前提来

衡量和评定环境价值，其逻辑基础是因为环境对人的必然有用性而催生了环境的相对价值性，既然环境有价值，那么要持续利用这种价值就必然促使人类维护环境价值，因此，对环境的保护是人类社会继续发展的一项必不可少的投入。

二　劳动价值论

效用价值论之后出现了以马克思为代表的"劳动价值论"，它认为没有经过人的劳动过滤的环境资源是没有价值的。[①] 天然的效用和对人的有用性并不能当然成为有价值存在的理由。劳动价值论把环境与人类按照主客二分的方法来看待，它论证了如原始森林等没有被人类涉足的自然资源是不存在绝对价值的，而要使自然资源具有价值就必须要创造出能够满足主体生存的环境功能，而这种创造就必然投入人类的劳动，从而产生了自然环境的相对价值即指间接通过人的劳动创造出来的价值。环境价值来源于作为主体的人的劳动投入，而不仅仅是因其天然效用性，这种观点一方面强调了环境价值的相对性，另一方面也进一步承认了对环境进行保护的人类投入的当然性，因为环境资源的再生、保护、管理以及为它们不被破坏、损害和更为合理的开发利用而进行的科学研究都需要人类付出巨大的劳动，所以，只有投入人类劳动的环境才是有价值的，而人类对环境的投入在赋予环境以价值的同时，也加强了主体对客体的保护义务。

---

① 王丽霞、王立人：《我国环境经济学研究综述》，《长春师范学院学报》2000 年第 6 期。

三　复合价值论

上述效用价值论与劳动价值论的理论局限在于只承认人类劳动创造或者对人类有效用的环境价值部分，这种因为人类投入而产生的环境价值事实上只有使用价值这种相对价值，并没有绝对价值。而环境本身所应具有的独立价值并没有得到承认，这种人类中心主义的价值观使环境偏离了价值的循环体系，资源无价、环境资源产品低价的现象也正是基于以人为主体的价值承认并不完全。故前两种理论所探讨的环境价值并不能等同于现代意义上的环境价值，其实质仍然是环境的使用价值。

在"劳动价值论"和"效用价值论"结合的基础上确立起来的自然资源价值观和环境价值论——"复合价值论"①，综合了生态中心主义与人类中心主义对环境价值的有关认知，并加以发展。

（一）　它肯定了环境的绝对价值

人类赖以生存的物质资源是以水、大气、太阳能、土地等环境要素为必备基础的，因此自然资源是经济社会发展的物质基础，环境是人类赖以生存的物质基础。这些环境要素及其质量是人类生存的必需资源，因此环境是有绝对价值的，这种绝对存在的价值不因人的意志而有所偏离，即自然环境具有"内在价值"，这种不依赖于人的评价的属性使环境价值独立于人这

---

① 王丽霞、王立人：《我国环境经济学研究综述》，《长春师范学院学报》2000 年第 6 期。

一主体。以土地为例，对土地所有者而言，不论是原生状态的未投入资源的土地还是已被开垦的土地，土地所有者通过有偿转让土地的使用权都可以得到一定的货币孳息，即没有加入人类劳动的自然环境也可以被价值化。

（二）它强调了环境价值的循环

环境价值是可以循环使用的，这种价值的大小则是应当由人类从生态补偿的角度和资源稀缺的角度出发，而不仅仅是从对人的有用性出发来确定环境价值。环境价值的循环虽然也取决于自然与生态的稀缺性和人类开发利用的限制性，但这种环境价值除了一般资源所具有的稀缺性和有限性外，还应包括再生困难性、环境资源开发投资的递增性、有偿使用性等特征，将人的可持续发展与环境价值的循环相结合，从而动态地增加环境价值，减少因为人对于环境的过度依赖而可能出现的只消耗不创造、坐吃山空的风险。

第二节　货币环境价值论

基于复合价值理论，环境价值的增进要素又应当包括三层：第一，对人类生存的作用和影响；第二，对人类发展的作用和影响；第三，对人类的外在价值与环境内在价值有机结合所产生的作用和影响。随着人类科技的不断进步和人类对自然加以征服的范围越来越快、越来越宽，自然与生态环境将更多地以资源对人的可利用形式呈现，因此，环境要素的价值货币化对于如何将可持续发展的理念反映到经济与社

会生活当中，就显得极为重要。在环境经济出现之前，自然
与生态环境中相当多的资源和要素是无法用计量的方式直接
给出货币化价格的，故而环境价值的体现方式不是直接的而
是间接的。

　　环境一方面为人类经济、生产生活提供了物质原料和生态
性投入，但同时也要容纳来自人类经济活动的废弃物排放和其
他耗损，在投入与排放耗损之间形成了价值补偿，这部分价值
表现在经济特别是金融行为中就是环境价值的货币化（货币化
作为证券化的基础）。"货币环境价值"就是用货币形式将自然
环境的部分价值表示出来，形成对环境价值进行衡量的指标体
系，真实反映企业或行业的环境利润，把应该为环境所付的费
用量化集中并加以合理使用，最终实现对自然资源和环境系统
的有效使用和保护。[①] 环境金融之所以成为节能减排的低碳时代
一项重要的金融交易手段，就是缘于交易的环境要素可以被计
量并且直接表现为货币化的价值形式。

　　货币环境价值理论直接将生产、流通、消费过程的环境价
值纳入成本核算之中，有力地改变了以往对生态环境"只讲索
取、无限度开采，认为自然资源是取之不尽、用之不竭而环境
对人类垃圾的容量也是无限的"等有着严重弊端的传统观念；
它借助经济学中的价值工具——货币，对环境价值进行定性定
量的实证分析，以货币为同质计量单位加之以经济理性，为人
类提供了一种前所未有的方式来衡量和认识环境本身的价值，
也为环境金融对当代环境问题、人类生存与可持续发展等问题
的积极应对提供了理论基础。

---

①　董红：《关于"货币环境价值"理论的初步探讨》，《甘肃科技》2009 年第 14 期。

第三节　环境产权论

环境产权理论认为环境问题从经济学上看其实就是外部性的问题，产权不是指人与物之间的关系，而是指由物的存在、关于它们的使用等所引起的人与人之间的行为关系甚至是法律关系。环境产权论的贡献在于它以经济人理性敦促了的外部性理论的实质性发展，用经济学方法研究负外部性的制度根源，提出了一切经济交往活动的前提是制度安排，而这种制度安排的标准是效益的最大化，在效益最大化的标准上，引导人们不仅要关注经济行为的结果及效率，还要高度注重由这类生产、消费、流通等活动对社会和环境造成的影响，而这种影响是可以通过市场机制的有益调节而有所改良的。从外部性角度考察环境污染与损害问题，当环境满足人类需要的程度提高，环境价值就会增大、环境收益也会增加，这是环境的正价值；反之，则是环境成本的提高，环境的负价值扩大。可以看出类似污染这种环境负外部性是缘于资源本身的稀缺性及欠缺以效益最大化为目标的产权制度。

环境产权的确定是解决环境问题的关键所在。科斯定理更进一步地证明了产权不仅可以被清晰地界定，而且被明确界定的产权还可以进入市场进行交易。这种将环境问题市场化的做法，能够促使环境利益的各方当事人如污染者与受损害方通过自愿的方式如谈判、产权交易等来实现环境问题负外部性的内部化。在产权理论的基础上形成了排放权理论，环境金融是环境产权理论和排放权理论在金融可持续发展与环境治理中的实践，并将其运用于环境损害与环境利益行为的分析及环境可持续发展的经济制度的创建与选择之中。在环境产权和排放权理论的基础上将环境要素的价值以信用货币、证券等方式进行量化并拿到金融市场中进行交易，形成环境金融产品的市场化和资产化，将环境价值转化为经济价值，这种转化的实质就是从节能减排保护环境的行为中获利，它改变了过去的以污染环境、耗损资源来获利的模式，是一种新的互利性交易。[①]

第四节　利益衡量论

资源的稀缺与匮乏直接导致利益的冲突，当环境资源与人类需求相比呈现出匮乏的状态时，就需要对本就稀缺的资源进行优化配置，这也是经济制度选择的首要目标。而通过合理地配置资源以提高环境资源利用率，建立最有效的资源配置机制和利益协调机制恰恰是法律的首要功能。基于"资源稀缺"的假设和环境问题的严重性，世界各国都制定了环境保护的政策与法律制度，其核心就是不能以牺牲环境为代价换取经济利益，环境问题上的利益冲突与矛盾，正是进入工业社会之后人类面临的亟须解决的重要矛盾。"当一种利益与另一种利益相互冲突时应当如何安排它们的秩序与确定它们的重要性？在对先后次序进行安排时，人们必须作出价值判断和提供制度方案。"[②] 这

---

① 朱火云：《环境产权视角下的环境政策工具》，《绥化学院学报》2010 年第 4 期。
② 法丽娜：《法制利益理论及其对构建和谐社会的启示》，《商业时代》2010 年第 29 期。

就是利益衡量。

利益衡量理论是在对环境利益与经济利益的冲突进行的调整，是对环境公益与环境私益的整合。对环境利益问题的协调主要建立在对财产性利益的分配与协调上，环境金融无疑是这种资源配置与利益协调的有力杠杆。前述环境金融的利益兼容性在于可以同时容纳环境保护与经济利益的双重甚至是多重诉求，这是由金融市场规律决定的，经济行为中融资的目的就是为了产生经济效益，使各项资源得到最优配置。

对个体而言，每个人都要在约束条件下进行利益选择，不仅要对自身各种选项的成本及收益进行分析，而且还要同时注意他人或他物的选择及选择的倾向性，据此来决定自身的选择，以促成自身利益的最大化；对社会而言，作为利益调整最有效的手段之一的法律，必然要对利益冲突及与之相关的各种问题作出回应，环境金融法律制度的发展与确立就是对利益问题的积极回应。

环境金融中的环境要素是利益产生的物质基础，基于利益衡量理论，通过权利、义务的分配将这种环境利益具体化，实现环境利益与经济利益的共容与互换，为环境利益平衡提供制度保障，充分发挥环境利益的创制、维护及分配功能，实现环境与经济利益的共进与人类环境治理的普惠。

第五节 环境治理论

治理理论发端于 20 世纪 90 年代初期的欧洲，经过发展和论证已逐步成为社会发展包括对环境事务的处理的一个重要理念和价值取向。环境治理之所以在国际社会的呼声高涨是因为它具有极大的涵盖面和有效的协调性，能够为问题的解决提供一种有效的模式或措施。由于政府本身的垄断性，环境要素的不确定性与信息的不完全性，环境问题的外部性等制约因素，市场和政府的相继失灵使得环境这种特殊公共物品和服务必然也需要通过多种组织形式提供。环境治理理论正是基于政府失灵和市场失灵，在寻求政府、市场和社会的有效合作过程中发现的"第三项"。

环境治理的发展，让人们进一步思考及重新界定政府、市场、市民社会在环境领域的相互关系。治理主体的多元化使政府由"一元独占"向政府、市场、公众的"三元支撑"趋势发展，逐渐形成新的运作模式和体系。①

环境治理理论大力提倡和鼓励公民及其他社会主体的环境维权行为，支持环境 NGO 的发展，环境治理的重要目标就是让损坏生态环境的行为付出代价、让保护生态环境的行为得到收益。环境金融也是围绕这一目标，用一系列的金融交易制度和模式将污染环境的外部成本内部化，改变长期以来在企业、社会收益及产品价格中忽略和无视环境成本的状况，让生态及环境的价值货币化、资本化，进一步探索排污权交易、碳排放权交易机制为基础的环境金融制度创新，推进资源要素的市场化配置。

环境治理主体的多元化为环境问题的市场化解决提供了理论支持，环境金融就是治理理论在环境问题中的具体体现，作

① 钭晓东：《环保与经济发展的双赢范式研究》，《自然辩证法研究》2003 年第 12 期。

为一种全新的治理手段与金融方式，环境金融强调市场化的参
与，是典型的产权交易，各类市场主体可以通过环境金融的交
易模式实现环境利益与经济利益的转换与互动。

第六节　新公共服务理论

一　新公共管理运动的起源

新公共管理理论是在对传统的公共行政学理论进行批判的
基础上逐步形成的，20 世纪 70 年代末至 80 年代，美国、英国、
澳大利亚和新西兰等国纷纷启动了政府改革运动，随后迅速扩
展到其他西方国家，这就是著名的 "新公共管理"（New Public
Management）运动。英国是新公共管理运动发起最早的国家之
一，1979 年英国的保守党政府开始在本国推行西欧国家中最
激进的政府改革计划，开展了以竞争机制的引入、注重商业管
理以及以顾客为导向的公共管理体制改革。1979 年成立的
"雷纳评审" 标志着英国开始对公共部门进行绩效评估；自
1987 年起，英国政府开始全面提倡在行政管理过程中介入更
多的商业管理手段，通过改善政府机构来提高公共服务的质量
和效率。

美国从 1978 年卡特政府的《文官制度改革法案》起，就开
始了实质性地推行新公共管理。1993 年克林顿政府大规模的
"重塑政府运动" 的改革目标就是要创造一个 "少花钱、多办
事" 的政府，为政府引入竞争机制并推行绩效管理。新西兰和
澳大利亚，先后于 20 世纪 80 年代初、中期开始了全面的公共

管理行政改革。[①]

二　新公共服务理论

新公共管理运动的发展确立了很多新公共管理模式，这些模式在拥有许多优点的同时也必然存在一些不足。以美国著名的公共行政学家珍妮特·V. 登哈特为代表的一批学者针对新公共管理模式存在的不足，在批判与辨证的基础上提出了"新公共服务理论"——它具有鲜明的公共治理的特点，是在对传统公共行政的批判基础上建立的：通过"与公民对话协商"的手段，把"追求公共利益"作为其目标，强调公民权，重视公民作用，致力于追求最大化的公共利益，以此作为未来公共服务的基础[②]，要求以政府为首的公共组织、机构要以人为本、倡导公民权利、追求社会公共利益最大化为目标，以促进政府管理与社会治理，是政府行政向公共行政特别是向公共治理和服务型政府转变的重要理论。[③]

三　新公共物品供给思路

环境治理本质上是一个新型公共服务体系，它以多方参与、协调合作的方式来涵盖民众的观点多元性与身份复杂性。作为

---

① 张伟、葛金田：《绿色信贷导向的管理学解释——基于新公共服务理论视角》，《经济问题》2009 年第 2 期。

② 王丽娟：《罗伯特·B. 登哈特新公共服务理论研究》，硕士学位论文，云南大学，2009 年，第 77—90 页。

③ 田辉玉、黄艳：《关于新公共服务理论与建构我国服务型政府的思考》，《湖北社会科学》2006 年第 8 期。

公共物品的环境资源具有明显的非排他性和非消费性，这导致了所有人都可以自由、无偿地享用和毫无节制地开发、滥用稀缺的环境资源，这实际上就是环境"无产权"、环境"无价"思想的体现，其结果是造成了环境与生态资源的过度浪费与恶化，产生"公地的悲剧"。① 一方面，负外部性导致私人成本与社会成本、私人收益与社会收益之间的偏离，使得私人最优与社会最优无法得以平衡，导致传统的环境资源配置的效率极低；另一方面，正外部性又容易产生"搭便车"的现象，使得进行环境治理投入的企业和没有进行治理的企业得不到经济回报上的区别对待。因此，仅有市场机制很难提供上述问题的解决途径，必须由政府出面来提供这种公共物品。

在环境金融的具体内容上，新公共服务理论表现为：对于公益性较强的环境项目以政府融资为主体、银行等金融机构融资为补充；对于公益性较弱的环境项目，则以银行融资等为主体，政府融资为引导。在环境金融决策和管理上，政府只起引导作用，建立环境金融项目自主融资、自担风险的市场机制，避免行政的过度干预。

在传统的计划经济体制和并未充分开放的金融管制下，环境治理在中国一直被视为社会公益性事业，未能充分认识环境资源的经济价值与产权属性，导致人们忽视环境资源成本与利益的存在，形成了"环境无价"的固有思维，环境的资本控制机制不能被充分发挥，导致在环境问题的解决上一直不能摆脱"财政包揽模式"的约束，增加国家财政负担的同时又不利于调

---

① 张伟：《论转轨时期中国环境污染治理设施的投融资方式与创新》，博士学位论文，中国海洋大学，2005年，第60—90页。

动各类社会主体特别是资本市场的资金流动引导功能。新公共物品供给思路应用在环境金融上，就是要建立政府财政支持，撬动市场供给的新的环境治理的金融参与。

第三章

环境治理的新经济手段

环境金融的实质是以环境保护为目的的创新型环境治理方式，因而要从环境治理的功能性上分析它的基本功能与核心功能；对环境与金融、环境金融与环境治理这两对关系的解析可以较为完整地展现环境金融与环境治理的互动，二者的良性互动和相互结合不仅可以产生巨大的经济效益，为虚拟经济带来新的活力，又能减少环境保护与经济发展之间的矛盾与冲突，实现各类利益的协调，减少环境治理阻力。在实现人类与自然可持续发展的同时，还要做到公平与正义地发展，通过对发展低碳经济和参与环境治理两种不同的研究路径进行解析，进一步总结出环境金融作为环境治理手段的工具理性与内在价值，强调环境金融应以公平正义与效益效率作为其价值核心。

第一节　三对关系的解析

一　环境与金融的关系

长期以来的传统观念认为金融与自然环境是单独存在、没有交集的，金融与金融行为作为"生产/消费—自然环境—生产/消费"循环的外生变量，是不会对环境产生影响的。[①] 环境与金融这两个看似无关的概念在原始状态下很难形成有效的联结，二者的相互关系在相当长时期内并未被人们充分认知。

随着人类对环境问题的理解与重视，以及社会的发展与进步，环境与金融因其共同的发展理念与目标——可持续发展，而形成了应对环境问题的又一重要解决方案。金融机构对环境的影响除了表现为作为市场主体在社会、经济行为中必然存在的排污行为外，还可能表现为资金运作等金融行为。支持"三高"行业、企业而产生的间接污染甚至可能产生更为严重的环境问题。这些可能产生的环境问题也会影响银行等金融机构的经营与发展，这些潜在的环境风险或者可能的引发严重环境问题的投融资项目可能会给银行财务及社会形象带来巨大的负面影响。[②]

国际金融业及环境保护相关组织已经意识到环境保护、可

---

① 张伟、李培杰：《国内外环境金融研究的进展与前瞻》，《济南大学学报》（社会科学版）2009 年第 2 期。

② 于永达、郭沛源：《金融业促进可持续发展研究与实践》，《环境保护》2003 年第12 期。

持续发展与金融业之间的密切关系。如果要对这种关系加以具体化则可以描述为：自然资源、环境问题与经济增长紧密联系，既相互制约又相互促进——通过金融行为使资金投入低碳、节能、环保和绿色产品的开发利用以及对自然资源特别是不可再生资源的循环利用中，不但可以减少企业及社会的运营成本，缓解经济发展与环境保护之间的矛盾，还可以最大限度地降低由环境问题而引发的金融风险；另外，对清洁能源技术、绿色环保产品、低碳经济发展的投资需求巨大，这就意味着对于银行业等金融资本市场而言，有着相当广阔的投融资机会。随着排污权交易等环境经济行为的增加，金融机构可在排放权证交易中充当媒介，环境金融扩大了金融业的产品范围如环境基金、环境保险、可持续发展项目投融资和环境信托等，也就是说环保产业的发展也为金融业带来了新的发展机遇；除此之外，金融机构通过提供绿色环保的投资产品，不仅可以获得经济利益，还能为自身树立良好的社会责任形象，通过环境金融产品的推广与开发还能在一定程度上唤醒公众的环境保护意识，推进社会向经济发展与环境保护共赢的理想局面迈进。

环境金融是金融与环境相结合的产物，它的出现是对传统金融业的突破和创新，本质上是通过政府配额与市场机制的双重作用，将环境负外部性内部化从而实现环境利益经济化，是金融在环保领域的新的盈利模式、业务创新和制度安排的体现，是运用经济学理论和经济手段来处理环境问题、优化环境，从而实现人与自然的可持续发展。

（一）可持续发展与金融的辩证关系

可持续发展理念是环境法的核心理念和战略原则，《我们共同的未来》一书把"可持续发展"定义为是既满足当代人的需要又不对后代人满足其需要的能力构成危害的发展。其内容非常丰富且涉及面广，随着可持续理念的进一步发展，必然要求与环境相关的各行各业都要吸收和借鉴可持续发展原则，将环境保护融入各个行业领域之中，在行业发展与环境治理之间提供良性互动与共生共赢的具有强劲动力、能够永续发展的新思路。金融业也必然走可持续发展之路，环境危机与环境问题的加剧也使得环境与金融之间的联系日益密切，所谓金融的可持续发展是指要将环境保护视为金融活动的重要目标之一，在致力于追求行业发展的过程中以不损害生态环境为底线，缓和并消解环境保护与经济发展的冲突，运用金融工具创新，以环境产权交易为基础创造出新的利益。

一方面，环境是人类生存发展的一切行为和活动的基础，对金融行为而言环境也是金融发展的基础，为金融提供生产与服务条件，提供金融创新机会并开辟新的利润空间；另一方面，如果金融业不能妥当处理环境问题，由此引发的环境风险也会给金融发展带来严重后果，反之，金融业如果有效应对环境危机及挑战，将其资金支持、导向效应正面作用于环境问题、不仅可以提高自身的环境管理能力，实现金融业的可持续发展，而且对环境问题的治理与解决将发挥具有实质性影响的巨大功用。可以说可持续发展离不开金融的支持，而金融发展又需要以环境为载体、以可持续发展为指导，这就是可持续发展与金融二者之间存在的对立统一的辩证关系。

（二）金融的可持续发展

社会生产过程是各生产要素相互间的物质循环和能量流动，

是经济生产和自然生产、人类自身生产的平衡与相互间的协调，它们之间不是孤立、封闭地进行，而是构成一个完整的社会生产全过程。要在这个过程中保持不断的自然资源供应达到经济增长的净利益最大化，就必须要求可再生资源的消费速度小于或等于其再生的速度并对其进行最有效率的使用。同时，废弃物的产生和排放速度不应超过环境自净或消纳的速度。

与其他环境治理手段不同的是，金融业处于环境治理、实施全球可持续发展战略的中心位置。金融业是各国及国际经济活动的核心，可谓现代经济发展的百业之首。金融的可持续发展的内涵应该包括利用创新型金融模式处理和防治环境污染、实现人与环境的可持续发展、对稀缺性资源的利用更有效率、实现环境资源和社会资源的优化配置、创造出新的盈利模式促进经济、社会与环境的和谐发展。可持续的金融活动通过引导资金流向，为环保投资提供良好的运转渠道，调整产业结构，避免数量型盲目扩张，形成有利于降低能耗、节约资源、改善环境的可持续发展的金融模式。

二　环境金融与环境治理的关系

人口、资源、环境的关系关乎人类生存、社会稳定、生态安全，对人类影响巨大。自 20 世纪 50 年代，西方国家频频发生的环境污染与环境公害事件引起了社会的强烈抗议，人们开始从制度经济学入手，寻求解决环境问题的经济调控手段。通过金融手段来实施环境法的制度与规定，是用经济手段治理环境问题的出路之一。即从理性、均衡、最优化等方面构筑环境资源的供求曲线以及合理的资源定价，并将这种货币化的环境价值引入金融市场中，在政策、法规的规制下最大限度激发市场动力，使之符合金融经济发展规律。

（一）环境治理手段金融化的国际趋势

世界各国特别是发达国家为解决环境问题已经进行了数十年的实践与研究探索，在环境金融领域不断创新金融手段，拓宽环境融资渠道，提高融资效率。可持续发展金融手段已经从国家政府、国际社会扩展到社会大众、企业生产者、消费者等各个层面被认知与接纳。利用金融手段解决环境问题、加强环境保护将起到不可或缺的作用。利用贷款、基金、保险、证券等金融工具调整与核算经济活动的成本与收益，通过环境金融的经济收益刺激促使人们自发地把环境要素纳入经济、政治等宏观决策中；同时，环境金融还能引导与规范国际经济活动如环境贸易、跨国投融资等微观经济活动。

（二）我国环境金融的起步

理论上，环境金融是以西方产权理论为指导，综合分析各种环境管理手段的利弊，将现代金融学应用于环境治理的具体研究之中而形成的环境保护的市场化与产业化。实践中环境金融的快速发展得益于全球碳权交易这一主要环境金融模式的促进。减排已经成为各国必须面对的重大政治、经济问题，对此是积极筹备还是消极抵制决定了未来我国在气候经济与气候政治中将具有主导话语权还是被动受牵制。从这意义上说环境金融的发展必须引起足够重视。在我国，长期以来实行的是政府管制的环保模式，如果不对此进行变革，不仅不能解决制约我国经济发展的环境瓶颈，还有可能失去在国际金融市场中应有的参与决策权。

现代市场经济的金融活动有其独特的运行规律，中国必须尽快研究如何建立既能与社会主义市场经济体系相适应又能积极融入国际经济体系和金融市场的环境金融制度。要改变过去那种把环境问题与金融分隔开来的狭隘视角，将眼界放宽，积极研究与推进有利于我国环境治理同时又能保护我国经济发展的良方，抛掉一些过于理想化的学术假设，更务实地看待环境与可持续发展。具体而言就是要进一步建立、完善多元化的环保投资机制，制定环境金融相关法律法规，从法律与政策上鼓励全社会投资环境产业，应用金融机构的融资优势积极吸引社会资本，明确投资主体与金融机构的权利与义务，充分发挥金融对环境治理的高效性、利益兼容性等优势。这就要求我国要不断完善货币市场、资本市场和风险投资市场，借鉴国际金融创新模式与规则，形成完善的环境金融支持体系。[①]

三 环境金融与其他经济治理手段的关系

金融手段能够对环境治理发挥积极重要的作用，但是在环境治理尚未深入进行、环境法律法规尚不健全、国际环境治理水平极不均衡的情况下，金融手段作为重要的经济治理手段，不仅要与财政、税收、价格等手段相协调，形成完善的环境经济治理体系，还必须要与环境治理的其他手段如法律、行政、技术及教育手段相配合。只有在法律、财税、金融、价格等公

---

① 伍孟林、金利娟、郑斌：《论循环经济发展与金融支持的关系》，《铜陵学院学报》2010 年第 5 期。

共管理和服务领域普遍地建立起有利于环境金融发展的制度，才能产生更持久而深刻的影响，才能更为有力地推动环境治理的多样化发展。

环境经济手段具体而言包括了价格、税收、财政、金融等经济手段，按照市场经济规律综合运用从而协调市场主体及其行为。对于环境治理的经济手段，目前学术界就其分类有多种意见。具有参考意义的主要有：一是经济合作与发展组织（OECD）对此的分类：20世纪90年代，经济合作与发展组织将环境保护领域应用的经济手段分为收费、补贴、押金—退款制度、市场建设、执行鼓励金五种类型。① 二是一些学者在理论探讨中的分类：有学者直接依据环境产权的理论来源——科斯定理与环境税收的庇古理论，将经济手段分为庇古手段和科斯手段两大类②；也有学者对此进行了更微观详细的分类，如有学者将经济手段分为四类：第一是税收手段，主要包括排污收费、各种税收优惠制度和环境税等；第二是价格手段，包括资源定价和产品收费；第三是交易制度，包括排污交易和其他交易方法；第四是其他经济手段，包括补贴、押金—退款制度和执行鼓励金等③；还有学者将经济手段划分为明晰产权、建立市场、税收手段、收费制度、财政金融手段、责任制度、债券与押金—退款制度七大类。④

我国当前的环境经济政策的实施主体主要是环境行政管理

---

① 王金南：《中国与 OECD 的环境政策》，中国环境科学出版社 1997 年版，第 225 页。

② 沈满洪：《环境经济手段研究》，中国环境科学出版社 2001 年版，第 125 页。

③ 罗勇、曾晓非：《环境保护的经济手段》，北京大学出版社 2002 年版，第 157 页。

④ 张坤民、张世秋：《可持续发展论》，中国环境科学出版社 1997 年版，第 128 页。

部门，政策体系中仍然以征收排污费、环境行政许可等行政手段为主导，市场经济手段虽然运用不多但也逐步开始有所尝试，部分环境政策甚至立法已涉及金融、税收、财政等经济政策，环境治理的公共参与程度也有所提升。

我国现行的环境治理基本政策主要包括：国家发展总体规划，包括节约资源的基本国策；经济增长方式转变；发展循环经济；保护生态环境；促进经济发展与人口、资源、环境相协调等内容。国家发展专项规划，如环境保护规划、生态环境建设规划、可再生能源中长期发展规划等。具体政策方面：包括财政政策、政府投资、税收与收费、转移支付等。金融政策：包括2007年开始实行的绿色信贷政策及2008年的绿色保险制度。管制政策：主要包括价格管制、投资管制、外贸管制三方面。制度设计立法：如2007年的《节约能源法》和2008年的《循环经济促进法》等。制度设计：部分地区实行试点建设排污权交易市场，如上海环境能源交易所和北京环境交易所成立。

创新金融市场对环境治理体系的构建作用，在于通过建立环境证券市场、设立环境产权交易所、推动环保公司上市，创立新型的以环境治理为主导的金融政策体系。在我国，环保部和中国人民银行、银监会、保监会联合推出的绿色信贷、绿色证券、绿色保险等政策就是一些有益的尝试，同时，主管部门的各项监管措施才更能得到有效落实并发挥强有力的作用。国家已陆续在证券、保险、进出口等领域运用环境保护金融手段，可以预见，在几年内我国将初步形成环境保护金融手段体系。

在环境治理工具选择上，应该充分利用价格、信贷、投资、税收和财政等多种手段并相互配合，形成有利于环境治理的强大合力。以环境金融为契机，在市场经济的带动下，发挥金融资本在环境资源配置中的引导作用并与其他环境经济手段相互结合，引导资金和技术流向环境治理与绿色发展领域。

第二节 两条路径的选择

低碳经济是减缓和适应全球气候变化的一条必由之路，在实现经济增长方式由"高碳"向"低碳"转变、减少温室气体排放量的背景下，需要金融支持并作出某种创新性的安排，环境金融遂成为一种较好的制度安排。它的蓬勃发展对后工业时代的全球经济与金融格局产生了广泛而深刻的影响，深刻影响着我国的经济结构调整。[①] 客观上，环境金融市场的活动规律决定了它有利于环境问题的解决，可能为全球环境治理提供一种新的"金融"方法。这也是环境金融将经济利益与环境利益高度统一的特性所决定的，这种对经济发展与环境治理的双重功能，极大地拓展了环境经济学的研究视野，使得环境经济学与法学在此问题上有了更多的沟通与交融，从法学特别是从环境法视角来研究环境金融的环境治理功能成为必然趋势。

综合国内外的相关研究与文献可以看出，对环境金融的逻辑起点及研究路径大致可分为两种，一是从经济角度认为环境金融以实现低碳经济发展和金融业可持续发展为目标，研究分析环境金融对经济、社会与行业发展的影响，将环境保护作为

---

① 严琼芳：《碳金融研究述评——兼论环境金融与碳金融的关系》，《理论月刊》2011 年第 12 期。

其展示行业与企业社会责任的体现而进行的与环境产权相关的金融创新活动；一是从环境治理多元化的角度，研究环境金融与环境治理二者的有机关联，并结合理论与实践，分析环境金融手段对环境治理的应有的功能和可能的贡献，以环境治理理念为逻辑核心，研究环境金融的功能与价值，并从立法角度总结如何完善环境金融及市场体系的建设。

一　路径一：低碳经济的金融创新

低碳经济不仅是应对全球金融危机的一个新的经济增长点，也是彻底转变经济增长方式的关键，政府引导对于低碳经济的引领作用不可或缺，但其需要更加充分、成熟的市场机制加以推进。金融作为一种极为重要的资源配置市场机制，对于低碳经济的发展具有非常重要的作用，环境金融迅速崛起为一门新兴的理论学科和金融创新机制，成为一些发达国家学术研究和发展低碳经济理论与实践的新领域。

在丰富和拓展金融疆域的同时，环境金融也有力地促进了经济的绿化。众多的金融机构开始转变传统观念，以适应和实现金融行业的可持续发展。目前，一些发达国家的环境金融在实践上也都有了较大进展，从制度、市场、组织和机制等方面研究金融创新以推动低碳经济发展，是目前环境经济学等学科及学者广泛采取的研究思路。

近年来，环境金融成为国际和国内学术界高度关注的前沿学科和热点问题，由于低碳经济在我国的兴起，国内大部分学者也从低碳经济视角来探讨环境金融，其研究逻辑大致可以描述为：为实现可持续发展、适应全球气候变化，走低碳经济的发展道路需要金融支持，并在此基础之上作出制度、产品、业务、市场等创新性安排。这一思路是从促进低碳经济发展的角度，倡导在国内推行环境金融。研究者从我国发展低碳经济的重要性出发，探讨了环境金融特别是碳金融在实现经济结构向"低碳、绿色"转型中的战略意义。[①] 因此，环境金融的发展路径选择应与低碳经济的发展模式相适应，以抢占全球低碳经济发展制高点。

二 路径二：环境治理的金融工具

在自身实现快速发展的同时，环境金融有力地促进和支持了低碳经济和金融业的可持续发展，但是，从环境治理的角度出发，环境金融在环境治理中的工具性意义还未被更全面深入地了解与发现。[②]

环境金融是环境治理的重要金融工具，这一思路的逻辑脉络是将金融因素引入环境治理领域，为环境保护提供多样化资金支持，尝试运用金融力量来解决一些环境问题，以提升其应对环境挑战的重要功能，因此环境金融不仅是环境经济的一部分，也是环境治理的重要组成部分，作为环境治理的创新手段，环境金融的内在价值又表现为作为金融治理工具的效率性和作为解决环境问题的法律制度的公平性。

综合对以上两种研究路径的分析，可以看出二者的逻辑起

---

① 严琼芳：《碳金融研究述评——兼论环境金融与碳金融的关系》，《理论月刊》2011 年第 12 期。

② 环境金融既存在于污水处理、废气净化和固体废物处置等传统型的污染治理行业和领域，又参与了清洁生产、循环经济、低碳经济和绿色贸易等新型产业。

点与研究侧重点虽有不同，但都是基于全球环境治理危机与气候变化这一大的现实背景，以环境金融制度、环境金融服务及市场和环境金融工具等为研究对象，无论哪种思路都是对环境金融研究的深入化，其终极目标也一致指向人类的可持续发展，二者可谓殊途同归。结合当前我国的环境金融实际发展相对落后的客观情况，环境金融的功能价值、操作模式、法律规则等还不为政府和金融机构充分知悉，因此，无论哪一种环境金融研究路径都是对我国建立环境金融法律制度、完善环境金融市场服务、发展低碳经济与参与全球环境治理的重要补充。

第三节 环境金融的功能

环境金融的功能体现为运用金融手段参与环境治理，实现人类与环境的可持续发展，成功的环境金融必须满足两个条件：一是转移环境风险和减少污染；二是保持一定的盈利激励，确立其在金融市场应有的地位。因此，环境金融产品必须建立在有效控制环境风险、保护资金融通利益的基础上。[①]

一 基本功能

环境金融的实质是以环境保护为目的的创新型环境治理方式，它要求金融业在其经营活动中应用金融工具，引导其掌握的社会资源流向环境保护与可持续发展领域，以环保意识的提

① 任辉：《环境保护与可持续金融体系构建》，《财经问题研究》2008 年第 7 期。

升来加强对生态环境的保护及环境污染的治理，促进环境保护及其相关项目、产业的发展，实现经济的可持续发展和人与自然的协调，为环境治理提供更多更广的金融创新渠道。在环境治理领域，它的基本功能包括：

其一，通过新的金融模式预防和治理环境污染，实现生态与环境可持续发展；

其二，通过新的金融模式进行风险管理，有效避免和分担金融业因环境因素而产生的金融风险以及环境因素自身的环境风险；

其三，提高环境管理效率，使环境问题的解决由管理向治理过渡，通过金融模式创新，对正当环境行为提供激励，降低环境守法成本；

其四，提高稀缺性资源的利用效率，创造新的盈利模式，促进社会经济发展，实现环保与发展的共赢。[①]

二　核心功能

环境金融开始日益显示出其在环境治理领域中的重要作用，它是金融资本和环境产业资本相结合的产物，把金融创新机制引入环境治理，其核心功能主要是环境利益与经济利益的共进以及风险分担。

（一）利益共进功能

治理是各种公共的或私人的机构及个人管理其共同事务的

---

① 方灏、马中：《论环境金融的内涵及外延》，《生态经济》2010 年第 9 期。

诸多方式的总和,是使相互冲突的或不同的利益得以调和并且采取联合行动的持续的过程。① 就全球环境治理而言,不仅需要各种环境政策、法律机构的协调与合作,还需要对环境造成直接或间接影响的其他组织、机构积极参与环境共治和认同环境政策。把金融创新机制引入环境治理,能使之促进环境利益与经济利益共进及全球利益的分享与普惠。更多体现的是社会主体对公共利益的共享和参与,应充分发挥这些经济体与市民社会在全球环境治理中所具有的其他组织或力量不具备的优势。公众参与程度越高的环境活动,其所造成的环境影响越符合公共利益的实质。

因而,环境金融的利益共进功能也是全球环境治理的合作基础。激励各国政府及全球企业考虑资本投入的结构性变化对产业结构和行业结构的重新优化作用,及时进行产业结构的调整和升级,助推发展绿色产业。在自身利益驱动下,国与国之间、企业与企业之间能够相互监督,通过全球环境资本市场提供给绿色产业的优惠政策和盈利空间,实现政府与市场在利益创造与分配中功能的互补,以这种共进的利益为引导,对稀缺的环境资本进行更为合理的利用,对公共环境资源进行更有效的保护,以减少解决全球环境问题的阻力,提高环境治理效率。

(二) 风险分担功能

金融对资本市场而言,其核心功能就在于分担和转移风险,环境金融在环境治理中的风险分担功能具体表现为:

---

① 全球治理委员会于 1995 年在题为《我们的全球伙伴关系》的研究报告中对治理作了以上界定。

其一，污染控制的功能。环境金融既可以从资金来源上切断高污染企业的资金链条又可以为低污染的绿色企业提供了多样化的再融资机会。

其二，分担环境风险的功能。通过金融市场进行环境预先评估、通过环境信息披露赋予上市公司股民或其他环境金融投资者参与到监督融资企业环境行为及生产全过程中。此外，环境金融特有的风险分担功能体现为可以转移和分散气候等环境风险，在能源产业发展上，可以运用天气期权等金融衍生品来规避价格波动的风险；巨灾债券则能够发挥资本市场对灾害损失的经济补偿和转移分担功能，相对于传统的保险业而言，可以使环境风险从保险行业向金融资本市场转移。

其三，规避资本风险的功能。环境金融通过金融市场这一载体来规避风险，使风险可以良性地转嫁给有风险吸纳能力的交易者，如通过企业购买强制绿色保险，从而控制和减小污染事故发生后造成的政府买单、公民环境利益得不到赔偿的积弊，对企业而言，环境金融也较好地为其减轻了资本风险，减少了企业一旦发生环境事故而引发经济补偿的环节中造成的预期投资收益的亏损。把这种可能赔本的资本风险转移给其他更有资本风险承担能力的金融主体，一方面降低了企业的资本风险，使之具有资金链的良性循环，另一方面，这些发生环境事故、存在高风险的企业因其信用受损等不利影响，也将很难再次拥有直接融资的机会，这类企业在环境治理领域内会减少甚至消失，随之减少的还有污染的发生和扩大概率。

第四节　环境金融的价值

理性是宇宙中最完善、最终极的力量，自然法渗透于万物之中，是"正当的理性"和"最普遍的规律"。环境金融作为应对环境危机的金融创新手段，自然不可避免地被打上工具理性价值的标签，它能提高环境治理效率和稀缺性资源的利用效率，通过金融模式的创新以创造新的盈利空间，从而对正当环境行为提供利益激励。这些带来效率价值的机制就是不断被做大的蛋糕，除了源于环境金融自身的利益生产能力之外，还需要另外一种外在的以实现合理切分的环境公平与正义的价值介入，才能使之成为实质公平与效率更优的经济与环境"双赢"的机制。

一　工具理性——效益与效率

效益是金融市场发展的目标之一，而效益的实现有赖于金融效率的提高。经济学中的效率指的是投入与产出的比较，它强调的是资源的有效利用与配置；而效益指的则是预期目标实现的有效程度。

"效率"是经济学常用的概念，已被延伸至法学研究领域，效率也是法律所要追求的价值目标之一。传统的法学理论认为法律是正义的化身，正义是法律的存在基础。法经济学的研究表明："法律的存在基础不仅仅是正义，对效率的追求也是其存在的根本理由——法律是同市场一样的资源配置机制。"法经济学的重要代表人物波斯纳认为"正义的第二种含义或许也是最普遍的含义就是效率,在资源稀缺的世界中,对效率的追求就是最大的正义"①,在其从事的法律经济学研究中,他认为:"一项最重要的发现就是法律自身包括其规范、程序和制度,都在极大地注重于促进经济效益。"② 波斯纳一再重申的观点"法律不仅是一种定价机制,而且是一种能造成有效率资源配置的定价机制",将法律制度解释为促进资源有效率配置的努力。效率原则在法律价值中具有普遍性,尽管很多学者对效率及其理论基础提出了批判,但也不能全盘否定法律中效率的价值合理性。

在环境治理领域,《联合国气候变化框架公约》已把成本效益原则设定为实现目标而必须遵循的基本原则之一。以全球应对气候问题的温室气体减排为例,根据国际法中的国家主权原则,全球任何一个国家都有一定的排放温室气体的权利,以支持其经济的基本发展权和人民的基本生存权,但同时也有尽最大可能减少温室气体排放的义务。然而要实现排放权利与减排义务的平衡,就不同发展水平的国家而言,其实现能力是不同的,难以做到绝对公平的分配。正是介于对此公平性问题的考虑,《京都议定书》对发达国家具体规定具有法律约束力的排放限额的同时,也从效率角度提供了附件 I 中的排放贸易机制、联合履约机制、清洁发展机制等灵活机制。这是因为在国际商品领域,这种权利与义务是可以通过金融机制和其他市场机制进

---

① ［美］波斯纳:《法律的经济分析》,蒋兆康译,中国大百科全书出版社 1997 年版,第 31 页。

② ［美］波斯纳:《法理学问题》,苏力译,中国政法大学出版社 1994 年版,第 493 页。

行交易的，而环境金融市场就是包括气候在内的环境问题的应对机制和其未来发展的主要载体之一。①

借助金融机制的工具理性在全球减排事宜上，充分调动和促成发达国家与发展中国家开展合作，进行减排额度交易的合理性是显而易见的。无论哪个国家或地区，只要它采取减排措施，温室气体的排放就会有所减少，对全人类而言都能从中受益。从理论上看，这种受益基于全人类共同关切而言，对发达国家与发展中国家具有一致性。

从整体上看，环境金融可以以相对较低的成本减少经济与环境之间的相互阻力。从实际效果来看，采用环境金融机制推行和创新温室气体排放权证等交易行为，一则可以避免发达国家因履行强制减排承诺可能导致的对本国经济发展的过度伤害；另外，对广大发展中国家来说，环境金融机制则可为其带来更多的国际资金和技术支持，改善经济结构、引导更合理的经济增长与社会发展方式。这正是环境金融效益价值的客观表现。

但是，环境金融的效益价值又不完全等同于传统金融所着眼的利益最大化，波斯纳认为在交易成本为正的世界中，应按照"财富最大化原则要求将权利最初赋予那些对其评价最高的人，以尽量减少交易成本"，金融法的主要目的就是保证金融市场按其自身规律运行以阻止低效率的管制。传统金融虽然也开始着眼于整体效益和社会效益，但是，它并未完全展现可持续发展所强调的人口、社会、资源、环境与经济发展的整体性，没能做到经济效益、社会效益、环境效益

---

① 秦天宝：《我国环境保护的国际法律问题研究——以气候变化问题为例》，《世界经济与政治论坛》2006 年第 2 期。

的统筹兼顾，它一个较大的缺陷就是没能很好地反映环境效益。根据可持续发展的逻辑，法律的制定和实施既要重视提高金融效率，又注意综合实现社会效益与环境效益。金融业的自由竞争和创新性是金融效率提高的原动力，金融手段参与环境治理之所以会产生极高的效率，是因为金融工具对市场主体包括企业及各种经济行为的主体产生的是激励而不是类似行政管制的强迫。环境金融作为低碳经济发展与环境治理的重要手段之一，将当事人的环境行为与经济利益紧密联结到一起，促使其在经营决策中考虑其行为的环境成本，经营者若采取环境友好的行为就意味着其自身经济利益的增加，这种利益激励机制可以将人的行为和决策自动转向有利于环境利益的方向，降低了人类主动保护环境的成本。通过金融体制来调节环境保护与社会、经济之间的关系，运用其金融杠杆引导资本和改进不合理的经济结构，最大限度地促进环境治理与经济发展的统一，减少二者的对立，制度优势的最大化正是其效率与效益的体现。

二　价值核心——公平与正义

传统的法律价值主要以"公平、秩序、自由与安全"为核心价值，随着现代工业社会与资本市场的发展，追求财富增长的最大化即效率价值也开始被广泛认可。效率价值为人类的经济发展与社会进步作出了不可磨灭的巨大贡献，是现代社会庞大而丰富的物质世界的奠定者与推动者。但是，环境治理的多元化与环境金融的利益相融与战略治理决定了简单地衡量经济指标会导致对社会公平和环境正义等多元价值体系的冲击，社会生活不能被简化为单一的对经济价值的创造，法律的功能也不能局限于对经济秩序的工具性维持①，随着关乎人类共同利益的重大环境问题日益全球化，加之经济发展的差异、政治体制的不同、权力结构的分化等更加剧了发达国家与发展中国家在环境领域中的不公平分配，这在很大程度上阻碍了环境公平与正义的实现。故环境金融的市场建立及法律规制中，的确需要更加注意充分体现出环境的公平与正义价值。②

（一）公平与正义的哲学

在宗教与哲学传统中，公平是人类社会的基本价值偏好，人类的不同文明进程都关注公平与正义的问题。③

在环境政策与法律的发展、实施过程中如何做到在每个行为主体（国家、企业、其他组织或自然人）之间合理地分配环境权利和义务，使所有的环境权利主体和环境金融参与者都能得到平等的对待，应当被视为最高的价值追求，也更有利于所有主体更加积极、主动并且有意识地参与全球环境治理。

---

① 崔军林：《"绿色金融法"及其价值取向》，《河南金融管理干部学院学报》2005 年第 4 期。

② Robert D. Bullard, "Bullard Environmental Racism and the Environmental Justice Movement", *Sourlogy: Bey Key ConCepe in Critical Theory*, New Jersey Humanities Press, 1994. p. 261.

③ 古希腊哲学家柏拉图认为，公平就是"给每个人以恰如其分的报答"；亚里士多德认为公平的真实意义在于平等，"相等的人就该配给到相等的事物"；洛克认为的公平就是不侵害他人的基本权利，实行按劳分配财富，而公平价值最根本的目的就是为了保护私有财产权，他认为"在还不明白财产的意义、不知道人们是怎样获得他们的财产的时候，是不可能很好地理解不公正的真正含义的"。参见 ［美］ 罗尔斯《正义论》，何怀宏等译，中国社会科学出版社 1988 年版，第 56 页。

（二）环境正义

环境正义运动（Environmental Justice Movement）作为一种社会政治运动，于 20 世纪 80 年代初发端于美国。20 世纪 60 年代中期，发展中国家为获得在联合国大会的多数投票权，经过各种激烈斗争与艰苦努力才争取到相对公平的国际权利与国际地位，但是在要求国际经济新秩序的斗争中，其取得的成果仍是极为有限的，即便取得了与发达国家平等的投票权，在一定程度上有利于发展中国家提出经济上的合理要求，但是这离真正的平等还有很大差距，发展中国家也意识到想要在全球所有领域与发达国家拥有同等的权利与平等的对待，还需要长期的奋斗，因而它们开始转变斗争策略，把注意力集中在一些具体领域，如环境保护与贸易领域①，在这样的时代背景之下，环境正义运动开始兴起。

环境正义与一般意义上的环境保护主义不同，是指环境保护中的社会公平与正义，环境正义直接涉及不同群体在环境保护中能否受到公平、平等的对待，直接表现为利益冲突并且与政治密切相关。②

从政治视角考察，环境问题已然超出了国内政治问题的范畴，环境正义与非正义的激烈斗争更多的是深刻反映在国际政治格局与冲突中的焦点问题。国际社会中，环境保护实践方面所面临的现实问题中争论最为激烈、最引人注目的问题之一就

---

① Paul G. Harris, *International Equity and Global Environmental Politics*：*Powers and Principles in U S Foreign Policy*, Burlington：Publishing Company, 2001, pp. 70 – 72.

② 张纯厚：《环境正义与生态帝国主义：基于美国利益集团政治和全球南北对立的分析》，《当代亚太》2011 年第 3 期。

是由于发展中国家与发达国家在环境保护中权利和义务的不对等而引起的"环境不公"（Environmental Unequal）。这种"环境不公"问题的突出表现就是：相比发达国家的环境历史负债与当前的环保能力，发展中国家以本国的发展权利为代价过多承担了全球性的环境问题所带来的不利后果和消化负外部性的成本增加。为了对抗这种在生存权与发展权上对发展中国家造成的非正义损害，由环境非正义引发的环境正义运动不仅在国际社会、发展中国家间得到了广泛的响应，还在西方发达国家内部引发了热议，很多西方的环保组织及个人都纷纷参与环境正义运动中，使之日益成为世界范围内环境保护运动关于正义诉求的"焦点"。

（三）共同但有区别的责任

全球性的环境危机中不可忽视的一项重要事实就是西方发达国家在资本主义经济扩张与工业化进程中对环境的历史欠债，一些国家在发展过程中曾极大地破坏和浪费了人类共同享有的自然与环境资源，造成当前严重的环境问题。但是，在这样的事实面前，仍然有些国家到现在都不愿承认和承担相应的环境治理责任，还企图将其所造成的环境恶果通过各种方式转嫁给发展中国家，从而制约发展中国家经济、社会的全面发展，并由此造成了围绕环境正义展开的"南北"政治意识形态和国家利益冲突。

《联合国气候变化框架公约》（以下简称《公约》）在气候变化及与之相关的环境问题的国家责任上，有效地吸收了环境正义的理念——发达国家从 2005 年开始承担减少碳排放量的义务，而发展中国家则从 2012 年开始承担减排义务，并规定由部分发达国家向发展中国家提供减少碳排放的资金和技术支持。《公约》强调的是实质公平而非形式上的各个国家一律相等的付出环境治理成本。共同但有区别的责任原则源自 1997 年 11 月的《京都议定书》，其中"共同责任"的认定应当包含两方面的含义：一方面它要求发展中国家不应以本国相对较低的经济发展水平、落后的科学技术和人才、教育等匮乏为由，推卸或逃避其应当承担的全球环境责任；另一方面所谓的"共同责任"也并不意味着发展中国家与发达国家在责任上的"平均主义"，"共同"不等于"平均"，而"区别"就在于要"有区别"地对持发展中国家与发达国家在环境与工业发展历史上的不同表现，以及可能在环境治理上投入的成本和各自不同的经济、社会发展需求。《京都议定书》是对现存的环境非正义的一种修正，是向全球环境合作迈出的一大步。

无论是根据社会普遍的公平正义之观念，还是环境法上的"受益者补偿"原则，共同有区别的责任都源于对历史进程及现实情况的客观判断。历史和当前的全球温室气体，其排放总量主要来自发达国家，结合人口与发展因素来看，人均排放也是大部分发达国家远高于发展中国家的人均排放。而发展中国家在承担全球环境责任的同时，又必须要满足其社会发展、解决贫困与生存的基本需要，因此应当允许发展中国家继续增长其全球排放份额的合理诉求。上述"环境正义"运动进一步促成了共同但有区别的责任原则的确立，发展中国家与发达国家所负的有区别的责任，具体而言就是发达国家理所应当同时也更有能力比其他国家特别是发展中国家承担更大的、更主要的温室气体减排与治理全球环境问题的责任。

（四）环境金融的正义

当前的环境问题从根本来说是利益与责任分配的问题，由于人的自利性和资源的稀缺性，被霍布斯称为"人对人像狼一样"的社会秩序中，经济全球化会带来比以往更加激烈的国际竞争压力。当前的环境治理格局中，各方人员都有自己的利益考虑和追求，具体而言，当前利益争夺的格局主要是：在国际层面发达国家与发展中国家的"南北对立"和国家内部社会结构的分化。发达国家通过国际金融与货币领域的运作来牵制发展中国家，很多有影响力的国际金融机构的背后操控者往往也是这些发达国家。在经济全球化与环境治理全球化过程中，世界各国的地位、作用都有所不同的，但环境金融正义基本实现的前提就是要将环境问题和利益与责任分配中的公平问题相结合，在保障各国金融主权与国家生态安全的基础之上综合考虑各自在应对全球环境问题中的责任分配。

历史上，发达国家已于工业化进程之初就对世界环境造成了严重的污染，新的不公平也极有可能以金融和全球化的形式加以扩大，以更加隐蔽的方式向发展中国家转嫁环境成本、进行生态掠夺。金融资本总是从发达国家向任何可以牟利的地方流动，而其所创造的环境利益则十分稳固地从处于环境金融供应链条底端的国家流向这些发达国家，发达国家借助全球化发展进一步加重剥削他国环境利益、抢占全球资源纳为己所用。国际环境金融的形成与发展正是全球化的具体形式之一，因此，"环境正义"在国际环境金融应对全球环境问题、强化人类共同关切的宏大目标之下，还应当微观地参照各类国家不同的利益诉求与制度预期，要降低环境金融创新机制的推行成本必须使每一个参与者都感受到被公平地对待，"那些相信它们得到了平等对待，并且其需求得到考虑的国家，将会尽其所能使机制发挥作用"①，才能改善持续已久的国际环境问题合作中的拖延分歧与谈判僵局，从而提高含国际环境金融在内的其他工具措施参与环境治理的效率。② 金融最基本的职能就是使资金在国内和国外进行融通并按统一的边际收益率将有限的金融资源进行最优配置，以实现金融收益的最大化，但是金融资源本身也是一种宝贵的有限的资源，因此更要对这类资源公平分配以实现环境金融的正义价值。"环境恶化程度取决于富国和穷国之间的力量均势。当富国权力大于穷国时，环境恶化加剧，权力和财富分配就越不公平，随之又反作用于环境，使环境恶化越快，除非工业化国家和发展中国家在新的、更加平等的国际合作中联合起来，拯救我们濒临危险的地球，否则我们大家都将陷入严重的危险境地。"③ 各国的发展水平不同，对于一项国际环境机制基于公正的最通俗理解就是大多数参与国都认为其符合国际环境正义的规范，应当说，环境不平等与国际经济秩序的不平等具有绝对关联，只有世界各国、各区域、各参与主体能够公平、合理地享有环境金融所带来的效率与利益增进时，这项制度的创立才能得到广泛支持与快速发展。

　　基于各国政治、经济与环境利益分隔之间的矛盾，发达国家和发展中国家在环境问题上已经形成了不同的观点与立场，

---

① Oran. R. Young. *International Governance*. Ithaca Cornell University Press, 1994. p. 134.

② 薄燕：《国际环境正义与国际环境机制：问题、理论个案》，《欧洲研究》2004 年第 3 期。

③ ［圭亚那］施里达斯·拉夫：《我们的家园——地球》，夏堃堡译，中国环境科学出版社 1993 年版，第 22 页。

这些争议的背后不仅是环境问题,更是各国在经济、能源、政治问题上的利益博弈。环境治理的现实困境反映出国际权力结构的不平衡已经严重阻碍了全球环境治理。而造成困境的更深层原因则是国际社会普遍存在的"环境价值观缺位"。[①] 对于全球环境治理而言,环境金融的价值亦很重要,环境治理的核心在于为保护人类共同利益和人类共同遗产,在承认自然与环境内在价值的基础上,采用多元化多层次的综合系统来实现人类社会的可持续发展,全球环境治理金融机制的形成从功能来讲必须是可以为环境治理提供相关制度保证并且满足环境治理内在的公平与效益的要求。因此,环境金融在极大地带动环境治理效率的同时,其内在的不可忽视、不可或缺的公平价值必须加以强调,以增强国际社会的环境责任和树立公平、正义的环境金融价值。

---

① 张丽萍:《环境公平的缺失——环境问题的"智猎博奕"分析》,硕士学位论文,吉林大学,2005年,第8—15页。

第四章

金融资源的环保贡献——
主体及定位

主体作为法律关系的重要组成部分，是任何一类法律关系或者法律部门要首先确定的，环境金融作为一类新的法律行为，其本质仍然是市场交易与管理的行为。环境金融的法律主体应当包括交易主体、服务主体和监管主体。其中交易主体主要是指环境金融市场上的产品供给者与使用者；最典型的服务主体是环境产权交易所，此外还有金融经纪公司、提供金融产品的有关银行、期货交易市场以及审计、会计和律师服务机构等；监管主体则主要指政府行政部门，主要包括金融行政主管部门与环境行政主管部门。处于监督方地位的政府行政部门运用公权力对交易行为进行管制、督促交易信息的披露及准确性与时效性，对违规行为进行处罚等。

第一节　环境金融的参与者

　　金融体系由货币流通、投资机构及监管体系组成，环境金融已逐步在金融实务中形成了自身的框架体系。环境金融的法律主体十分广泛，其作为一类新型法律行为本质仍然是市场交易与管理的行为，也是多方主体行为博弈的体现。环境金融市场的参与者主要由企业、政府、私人和国内组织、国际组织等主体构成，具体项目的投资机构是其中最活跃的枢纽部分，在环境金融中通常是中介服务和直接投资者。环境金融的法律主体应当包括交易主体、服务主体和监管主体，它们都是环境金融实务与理论研究领域的主要参与者和推动者。[①]

　　市场的参与者的基本构成可以分为供给者、最终使用者和中间方三大类[②]，具体涉及有排放约束的企业或国家、减排项目的开发者、咨询机构以及金融机构，这些参与者在国家层面上既包括发达国家和转型国家，也包括发展中国家。商业银行、投资银行、证券经纪公司、信托投资公司、保险机构、风险投资、基金、资产管理公司等金融机构已经进入环境金融领域的开发与布局之中，形成了一个较为完整的环境金融主体网络。

---

　　① 方灏、马中：《论环境金融的内涵及外延》，《生态经济》2010 年第 9 期。
　　② 供给者主要有项目开发者（企业、NGO、政府投资资金、金融机构）、咨询机构（项目申报者、排放审核中介、技术咨询公司等）、技术开发和转移者（减排技术开发和提供商）；中介机构包括交易商交易所、金融机构（银行、资产管理者、保险公司等提供流动性、套利、为项目融资和风险管理提供结构性金融工具、实现融资渠道多样化）以及大型工业企业；受配额限制的使用者包括受《京都议定书》排放限制的国家、受欧盟排放体系限制的企业等自愿购买者，参加自愿配额机制的企业、NGO 以及个人等是最终使用者。

一　交易主体

环境金融一级市场的交易主体既包括受排放约束的国有企业或国家、减排项目的开发者、政府主导的碳基金及私募股权投资基金、私营企业，也包括国际组织（如世界银行）、商业银行和投资银行等金融机构。

（一）供给者

碳金融市场的初始供给者主要是亚洲、东欧、南美和非洲等发展中国家和地区，此外，还包括受《京都议定书》约束的持有配额盈余的企业或国家企业。

早在 2009 年，中国已占全球 72% 的碳排放市场成交量，成为全球最大的碳排放卖方，拥有世界最大的 CDM 市场，到 2011 年已成为世界上最大的 CERs 指标卖家。[①]

（二）使用者

以碳排放为例，使用者包括三大类，一是受《京都议定书》约束的强制减排国家；二是受欧盟排放体制约束的企业；三是少量的自愿交易机制参与者。排放权的最终使用者主要还是面临排放约束的企业或国家，它们会根据本国法律及国际公约、条约的监管要求来确定需要购买的排放权配额或减排单位。目前国际上主要的排放权购买者是欧盟、北美、日本等区域及其企业。

---

① 截至 2011 年 1 月，中国政府已累计批准 2847 个 CDM 项目，已批准项目核证年减排量为 5.1 亿吨，其中已签发的项目有 336 个。

（三）投资商

投资活动是环境金融中最为活跃的部分，投资商是环境金融主要的参与者和推动者。企业是最主要的投资机构，其活动集中体现在中介服务和直接投资上，很多大型银行等金融机构除了具有服务体系的中介与产品开发功能外，在交易体系中也大量充当着投资商的角色，直接参与环境金融投资之中。投资商利用自有资金进行投机交易，以期从价格波动中赚取买卖价差。这种投资行为带有一定的投机性，但在金融市场中投机行为的存在也是其不可缺少的组成部分，环境金融的市场投资者基本上是由企业、政府、私人以及国内外机构等主体构成的。从增强市场流动性、扩大交易规模、提高交易行为资金活力等有利性因素，以及创造回避、转移价格等交易风险的必要条件看，这些市场主体都有着不可替代的作用，因而也是环境金融特别是碳金融的重要交易主体。[①]

二　服务主体

环境金融的发展动因可以归于应对全球环境问题而进行的环境治理方式创新，但其发展的关键因素还是来自外界经济发展的客观要求，这种客观需要推动了相关的制度和产业政策的发展，并对以企业为主的环境行为主体提出了与过去那种只集中反映经济利益生产/经营模式有所不同的新要求：企业都必然

---

① "Kolstad George Bush versus Al Gore: *Irreversibilities in Green House Gas Accumulation and Emission Control Investment*", *Energy Policy*, 1994, 22 (9): pp. 771 – 778.

要去参与环保、低碳、循环经济的发展，无论是受到鼓励还是强制约束，对企业而言，基于"经济理性"都会要求环境金融不仅能为交易主体提供减排的动力和潜力，还能提供减排收益。而要满足交易主体的收益需求，实现环境金融的经济与环境可持续共赢，就必须建立相应的服务体系。金融机构不仅担任着一级市场中的投资者角色，在二级市场中还扮演着重要的服务代理角色，成为环境金融产品开发与金融服务体系中的重要市场主体。①

碳金融已经成为国外金融机构进行金融创新的重要示范，也成为全球气候变暖背景下国际金融业构建的重要领域，吸引了大量金融机构参与其中。国际环境金融的服务体系主要包括各国际组织、商业银行、证券经纪及交易所、保险公司等。其中国际组织主要是指世界银行、国际金融公司等，主要致力于为发展中国家和经济转型国家的低碳项目提供贷款和融资便利，帮助其实现减排目标；商业银行的服务功能主要在于发展可持续信贷与融资，在温室气体减排和交易项目基础上开展如碳权等环境产权的质押融资、保理、信托及环境资产证券化等业务；保险公司则专门开发了针对碳权等环境金融交易活动中因信息不完全或信息不对称等可能出现的交易风险而设立的保险品种，为交易双方减轻或杜绝损失。

---

① 世界各国的环境金融机构包括商业银行、投资银行、保险机构、风险投资、基金、资产管理者、养老基金等，其业务管理形式主要是：商业银行：发放信贷、自有账户投资、避免贷款损失（环境风险）；保险公司：承保财产险、公司与私人保险、自有账户投资、一般责任险（污染）、环境损害责任险（有限承保）、全球气候变化（灾害风险管理）；投资银行：咨询机构客户的投融资方案，通过自有账户投资、IPO、并购、收购、资产剥离、项目融资、承保（环境领域）；风险投资机构：环境领域的风险投资；共同基金：基金资产投、提供环境类创投基金、股权投资、表决权征集；养老基金：职工养老基金管理、表决权征集、环境损害及获取环境投资收益。

目前全球专门从事以碳金融为主的环境金融交易所主要有英国排放权交易体系（ETG）、澳洲国家信托（NSW）、欧盟排放权交易体系（EU ETS）和芝加哥气候交易所（CCX）。除了以上四家大型全球交易所外，还有诸如高盛（Goldman Sachs）、巴克莱资本（Barclays Capital）、荷兰银行、摩根士丹利（Morgan Stanley）等很多知名金融机构活跃于全球环境金融市场上。我国也形成了以中国人民银行为主导的国有商业银行、保险公司、产权交易所、能源交易所等多种金融机构及企业并存的金融服务结构。①

服务主体的作用主要体现为提高市场的资金流动性、为最终使用者提供结构性产品、对环境金融进行风险管理、为远期减排单位提供担保及信用增级以降低风险等。其功能的具体操作模式表现为提供代理服务与开发环境金融产品两大类。

（一）提供代理服务、获取中介佣金

处于此种模式下的银行等金融机构不直接介入交易项目本身、不占用银行的资本金，仅以为环境交易的各方提供中介信息和技术支持来获取中间收入。

（二）开发环境金融产品

金融产品依托基础资产的存在作为创新的必要条件，这些环境金融的基础资产又是与环境要素等相关联的，形成碳排放权、排污权交易等环境金融的基础交易。因此，作为服务主体的金融机构既要提供环境金融的基础资产的供给，同时又要推

---

① 郇志坚、李青：《碳金融：原理、功能与风险》，《金融发展评论》2010 年第 8 期。

动创新型金融产品与服务。

三　监管主体

传统的监管主体主要是指一国国内的政府行政职能部门，具体监管方式由处于监督方地位的政府行政部门运用公权力对环境交易行为进行管制、督促交易信息的披露、监管其准确性与时效性，以及对违规行为进行处罚等。

金融的国际监管目前还是一项有待攻克的技术难题。环境金融的国际性决定了这种监管更多地表现为国际与国家、地区的联合监管。目前这种全球环境金融监管尚未形成。

环境金融的理念虽早在 20 年前就已确立，但其仍然是国际金融体系内的一项新生事物，"各自分散"的监管局面是目前国际环境金融监管体系中的突出问题。因此，在此现状下，环境金融的国内监管就显得尤为重要。在国家内部的金融监管中起主导作用的监管主体主要是政府及各职能部门，监管者主要包括金融行政主管部门与环境行政主管部门对出让与申购等交易行为进行核准、对金融衍生品开发进行监管、督促交易信息的披露及准确性与时效性、对违规行为进行处罚等。

第二节　主体定位

金融可持续发展的过程实际上就是把金融业的注意力适当转移到可持续发展与环境治理之中的调适过程，是一个逐渐摒弃以往在发展问题上的单一思维和短见眼光的过程，将其发展置于既能有效利用金融资源又能合理保护环境的地位，涵盖了环境价值这一新的价值导向，实现环境与经济的共赢。因而，环境金融的参与主体应当更加注重中、长期的发展战略，注重金融工具与环境保护方式的结合与创新，加强对现有金融资源的合理配置，最大限度发挥金融资源的环保贡献。要实现环境金融长久的竞争能力，达到经济可持续发展与环境可持续的统一，要求不但要注重环境金融带来的经济效益，亦应注重社会与生态效益。通过对金融资源的合理运用实现对环境保护的贡献。

基于可持续发展的核心仍是发展的这种共识，环境金融交易主体参与市场的重要动力仍然是经济收益，这是由经济人理性所决定的，但负责任的投资行为是在环境金融交易中获利的重要前提，也是环境金融兴起的初衷；服务主体则应定位于激励与创新，通过建立环境产权交易所、能源交易所等诸多多元化、多层次的环境金融交易平台，为供需双方搭建沟通和议价场所促使环境利益有效公平合理地转换成经济定价，有效配置环境资源与金融资源；监管主体则应尽快制定与完善环境金融市场的交易规则，在规则项下，充分引导、调动各市场主体的参与能力，并协助其完成交易，使环境金融进一步走向成熟、稳定的发展之路。

环境金融的各类法律主体应根据自身的资产规模、人员素质、技术水平、创新能力等条件，以及金融与环境资源，确定合适的发展模式及自身角色定位。

一　交易主体——责任与收益

从金融可持续发展与环境保护的角度来看，环境金融的市场主体能够发挥以下作用。

(一) 引导公众环境意识

环境金融是环境友好技术与经济利益联系的桥梁，市场主体通过对环境要素资产的"负责任"投资，树立良好的企业环境责任形象，引导行业及竞争企业加强环境资源保护的意识，认识到"环境有价，排污付费"，逐步提高社会公众保护环境的意识，重新认识环境价值。

(二) 用金融行为替代能源和物质消耗

环境金融将环境价值资本化，使得企业有了新的获益空间与利益方向。传统行业主体的竞争力提高主要依靠消耗大量物质和能源，而环境金融则是以减排为标的来源，最大限度地减少了企业的环境负外部影响。

(三) 促进环保产业的重生与发展

环保产业的发展离不开环保设备的生产，从目前环保产业的发展现状和未来趋势看，环保设备的研发在生产产值上已占环保产业的一半，以环保设备为基础的企业数量也占了环保产业相当大的比重。由于环境金融的带动，资产与资本流动性的增加也促使市场主体更多地参与到环保企业的购并与重组商业行为之中。环境资产化使得环保产业更为迅猛地发展，同时决定了环保企业必须经历一场以重组和联合为重要特点的大变革，才能推动环保产业真正走上良性发展的轨道。环境金融的兴起极大地带动了更多的市场主体参与，相对于以政府财政为成本的补贴式推动，无疑为其带来了更大的生存与发展空间。

　　对环保产业而言，环境金融是一种有效的投融资手段，也是环境金融交易主体责任与收益的集中体现。目前我国政府虽已意识到社会资金全面介入环保产业的重要性，但在实践中环境融资多元化的局面还未形成。环境金融服务和金融创新必须依靠交易市场有效联结，而要提高交易市场的发展水平与效率，又依赖于环境金融主体的创新能力与责任投资意识的提高。作为环境金融市场的积极参与者，不管是商业银行还是大量的投资机构、风险基金、企业、社会团体甚至个人，只有具备国际国内资本市场的充分发展这一前提条件，才能平衡环境金融交易主体的责任投资与经济收益。

　　对于交易主体而言，由于环境容量可以在环境金融市场中转变为有价值的资产，交易主体就会有强烈的牟利动机。这种动机表现为两种相反的可能性，一种可能是将积极削减排放，因为这种削减本身就意味着经济价值的实现；另一种可能是，由于环境要素资本化在产生巨大环境效益的同时也附带生成了可观的经济效益，故违规获利的动机也会随之增强。[1] 要避免第二种可能发生的概率，就必然要求将交易主体的责任意识放在经济收益之前，并进一步强化环境金融交易过程中的责任主导。

二　服务主体——激励与创新

（一）"储蓄"到"投资"的转变

　　金融中介机构是金融活动的重要参与者和中介人，其发展

---

　　[1]　宋露、南灵：《排污权交易市场中政府角色研究》，《环境科学与管理》2010 年第 5 期。

水平可以从金融中介的规模、结构、资源配置效率和服务质量四个角度加以衡量。环境金融中介业务一般包括：

（1）为交易方的项目提供咨询、财务顾问及其他服务；

（2）利用商业银行等金融机构的营销资源，筛选适合进行环境金融项目开发的目标客户并锁定重点目标；

（3）组成专业团队全程跟进项目的设计、立项、注册、监测、核查等全部流程；

（4）对于已经完成的项目，金融机构的海外分支机构还可以为其提供协助、进行买方推介，通过联动服务带动海外环境金融的业务发展。①

环境金融中介通过提供各种金融产品和服务来满足经济发展中各部门的融资需求，激励并促成以"储蓄"为传统的保守金融向更为活跃和开放的生产性"投资"转化。

（二）多样化的创新类型

创新是环境金融与生俱来的特性，也是其进一步发展与完善的必要条件。对于环境金融服务主体而言，制度创新与产品创新已经成为环境金融能否充分实现其金融可持续发展与环境保护使命的重要环节。这种创新主要体现为金融工具与金融服务的创新。首先，创新型金融工具的产生才能推动金融产品的发展与延伸，在此基础上环境金融的出现已经引导了多种创新工具的出现。特别是近 20 年以来，西方金融工具创新经历了一个快速发展、层出不穷的历程。环境金融的创新种类繁多、形

---

① 梅应丹、高立：《中国银行业与中国的碳金融发展》，《中国人口资源与环境》2011 年第 3 期。

式多样，其中最主要的有资产证券化、金融衍生产品多样化、银行业务绿色化，这些都是环境金融服务主体进行创新的典型。

此外，金融服务的创新直接推动了银行等金融机构业务的快速更新与发展。在市场充分发展的条件下，金融创新的微观主体必须是规范的现代金融企业，现代公司治理结构必然要求以金融服务为核心业务的中介服务主体必须是自主经营、自担风险、自负盈亏的实体法人，要进一步激活商业银行、保险公司、证券公司、交易所等主体的内在创造力，并引领其更为规范、持久地发展。

（三）实现步骤

环境金融服务主体的激励与创新定位实际上也是环境金融基本功能的组成部分。我国金融服务主体相对于本国的金融发展历史与现状而言，在创新上仍具有广阔的开发空间。目前，国内的环境金融产品创新基本上还是以"复制"型创新为主，根据我国商业银行及其他金融机构现有的发展水平，进行环境金融的创新能力，具体可分两步：

第一步定位于"非发起者"，在国际市场或其他国家、组织机构已构建的框架内作为参与者而非发起者，直接参与国际市场的相关交易，这种方式有利于降低风险、减少成本。这一步也可以称为"走出去"。以碳基金为例，我国的参与方式主要是选择在境外设立合格的投资机构，直接进入国际碳基金市场或参与其他相关环境金融创新产品的交易。

第二步是在逐步参加国际市场基础上完善国内环境金融市场。吸引大量国际化的环境金融创新投资机构进入国内环境金融交易市场。例如，很多国际金融投资方已经开始关注中国市场，我国碳排放额度的售出比例已占到世界的 70%，这一较大的市场空间是极具吸引力的，可以为国内市场发展成国际化的环境交易市场提供良好的客观条件。①

在环境金融服务方面，目前国内的一些商业银行虽已经在开拓一些环境金融业务，但范围又仅局限于"环境信贷"等初级环境金融。在碳金融中，我国作为 CERs 的卖方，在与国际上强势的欧洲碳基金、国际投资银行等 CERs 买方交易时，由于买卖双方信息不对称、中介咨询机构缺乏等原因②，使我国在本就强弱不均的国际环境金融市场中处于更加弱势的地位。这种"蜻蜓点水"式的状态还远未全面、深入地涉足与环境金融有关的全面金融服务。

因此，我国的金融机构在借鉴国外、国际经验的基础上首先应该在金融中介服务方面不断创新，对于只充当环境金融服务中介的金融机构而言，服务型的环境金融具有成本较低、风险较小、便于启动及管理的优势。目前我国在环境金融业务中最缺乏的就是服务主体。③ 因此，我国应当培养完善的环境金融服务市场。要改变我国环境金融市场目前的困境，进而掌握国际议价与定价的话语权，必须依靠环境金融主体的全面参与，而环境金融服务主体的参与是我国环境金融体系构建的一项重要保证。

---

① 张蓉、林妍梅：《环境金融发展与金融创新的关联性研究》，《生态经济》2010 年 9 期。

② 梅应丹、高立：《中国银行业与中国的碳金融发展》，《中国人口资源与环境》2011 年第 3 期。

③ 例如，为国内企业提供 CDM 项目的融资方案、咨询服务等，或者作为金融经纪人参与国际或国内的环境金融市场交易并提供环境金融的风险管理服务，通过提高自身的竞争力进而全面开发环境金融相关产品及服务。

三 监管主体——引导与协助

（一）回归市场与有效监管

金融业的发展既需要通过"对市场机制的回归"来激发其创造力，同时又不可能离开金融监管，环境金融监管的目标不仅是维护金融体系的安全和稳定，还应同时兼顾可持续发展和环境要素效益的目标。环境金融不仅涉及金融行为，更主要的是环境金融本体目标仍是环境这一公共利益与资源的可持续发展与保护，故对环境金融而言，完整与适度的监管体系尤为重要。监管主体应立足于引导与协调，这与传统的行政监督有所不同又相互联系：一方面，这种监管存在于建立在环境共治基础之上形成的社会多主体广泛参与的治理过程之中，环境金融监管主体应当体现出环境治理与公共参与的理念；另一方面，对于金融这种关系到国民经济体系安全与稳定的高风险行业而言，行政监管又是必不可少的。

庇古理论认为："公共物品性的环境问题无法用市场来解决，需要政府的介入以克服市场失灵。"环境资源产权得以界定之后，要作为环境金融产品进行流通必然需要与之相对应的市场机制，但这种市场又非传统意义上完全无需监管的"自由市场"。环境金融监管是政府及职能部门或国际非政府金融行业自律机构在界定与配置环境产权进行市场交易的过程中采取的公共利益衡量与外部治理。经过市场往复运作，在政府的规范下最终实现环境与金融的可持续发展。

环境金融监管主体的监督管理，目标在于确保和维护环境容量资源的"财产权"和交易市场的规则，其能够发挥的重要作用主要包括组织、监督、管理、协调等，其职能和角色定位是管理者、协助者和引导者。[①]

（二）金融安全与效率平衡

中国的金融监管体系应当兼顾金融安全与环境金融创新，既要从法律制度层面进行必要的约束，也要创制相对灵活的激励机制，通过营造宽松的发展环境来容纳环境金融的刚性需求，从而促进环境金融发展。中国金融业发展中的最为突出的矛盾仍然集中体现在政府与市场对在金融资源的分配上，政府主控金融资源而市场化金融资源配置不足。中国对金融体系开启了一系列市场化的改革措施，但是仍然保留了由政府直接规定利率、汇率、服务收费等价格管理，以及通过限制市场进出、限制业务范围等非价格管理。这种"控制型"严格监管在有利于经济的稳定的同时，也不可避免地在一定程度上降低了金融效率，这显然不利于环境金融的发展。[②]

此外，环境金融的发展往往牵扯到诸多部门、行业和地区利益的分配与再分配，故其有效监管难度更大。当前的监管重点在于监管政策和手段要完成向引导和协调机制为主的制度转型，通过完善信息披露等在安全与效率之间寻找合适的平衡点。相关政府职能部门和监管部门在利益平衡的基础上要做到有效监督，相互配合。在政策与立法的选择上，既要有效利用政策的灵活性尝试，更要在充分论证的基础上推动相关政策和实施

[①] 宋露、南灵：《排污权交易市场中政府角色研究》，参见保罗·伯特尼、罗伯特·史蒂文斯主编《环境保护的公共政策》，穆贤清、方志伟译，上海三联书店、上海人民出版社 2004 年版。

[②] 尚静：《金融可持续发展角度的银行监管研究》，《商业研究》2005 年第 10 期。

标准的法律化，在完善相关立法和政策的同时还要加强制度的约束刚性和可操作性，环境金融的立法趋势与竞争在国际上已显端倪，中国的环境金融立法进程也有必要提速，应通过深入理解和合理借鉴国际通行的"赤道原则""伦敦原则""UNEP FI"等规范，设计并制定符合我国国情的环境金融与经济发展的法律制度①，从可持续发展的角度对环境金融监管制度进行合理安排，提高环境金融的效率和竞争力。

① 朱火云：《环境产权视角下环境政策工具》，《绥化学院学报》2010 年第 30 卷第 4 期。

第五章

国际环境金融——
法律规制与实施

环境金融国际法律的渊源主要有国际公约、国际惯例、国际组织的相关声明、行业自律性文件、环境金融政策战略以及非政府间国际金融组织具有行规性质的规则与建议等。《联合国气候变化框架公约》及《京都议定书》开创了环境金融的起点，不仅从环境保护的角度以法规的形式限制了各国温室气体的排放，还催生了以减少温室气体排放为交易目标的各种金融制度安排和金融交易活动，自此之后有关强化国际金融组织的在环境保护和可持续发展中的责任与功能的议题日渐成为许多重要的国际政策和法律文件共同关注的对象。国际环境金融实践除了被人们广泛讨论的碳金融交易之外，还主要体现在一些国际组织如世界银行都设置了相关的环境机构，各国际金融机构特别是多边发展银行也开始对逐步更新的发展模式及观念作出调整和回应，更为积极主动地确立了可持续的金融发展战略。此外，本章还介绍了美国、英国的环境金融立法与实践，以兹借鉴。

"规制"一词本意包括了各种原则、规范、标准、政策、协定和程序，法律规制的不同与差异不仅影响各国的银行、证券等金融行业，也造成了世界各国、各区域资本市场不同的发达程度。法律规制对经济增长的作用是通过对金融体系来影响及实现的。因此，法律制度环境的发展水平与法制系统的建设、完善及其效率的增加，对包括环境金融在内的任何一项制度的整体发展都具有决定性的作用。环境金融的出现是环境问题金融化治理方式的一种尝试，在全球气候政治与低碳经济大背景下，同样不可避免地受到质疑，对于一项新的制度或是措施而言，判断其价值与意义最好的方法莫过于研究其实效。

第一节　环境金融的国际法规制

环境事务是目前全球共同关心的重要议题之一，通过国际协商等多种治理方式应对环境问题的全球治理法制化这一大趋势，其有效实施自然离不开国际法规则，应通过国际法律规范来明确各国要确实履行其承诺的义务，使其形成广义上的国际环境金融法。国际环境治理体系运作具有以国家外交为主、从协商决策到履行、执行过程中多主体共同参与等特点，国际环境法规发展与演进也要依循传统的由会议到公约的形式，发展为习惯、通例、司法判例、一般法律原则、国际组织和会议的决议和宣言等多方规制的模式。① 目前，国内外环境法学者及相关国际组织也基本认同以国际组织、会议的决议及宣言作为新的国际法规范，或认为其是创造国际法律规则的来源。

现代国际环境法最主要的渊源是国际环境条约，这也是国际环境法区别于国际习惯占主导的传统国际法的特征之一。国际环境规制的发展自 1972 年斯德哥尔摩人类环境会议后进入快速发展时期，其间订立了大量的国际环境条约。② 这些环境条约所调整的环境问题类别有很大差异但又都呈现出某些一致性。在内容上，程序事项的规定重于实体义务的规定；在形式上多采用"框架公约 + 议定书 + 附件"的"框架公约"模式；在机构组织上，国际环境条约采用缔约方大会、秘书处等机构来确保条约的实施。③

近年来，大量产生的国际组织会议的决议和宣言与国际法的一般法律规范有所不同，这些不具有法律拘束力的国际文件——所谓"软法"，在实践中也被作为国际环境法的一般法律规范加以运用。在国际法范畴内，相对于具体问题的解决，从一定程度上政治意义比法律意义显得更为重要，各国的观点及

---

① 王玫黎：《我国船舶油污损害赔偿案件的法律适用——以国内法和国际法的关系为中心》，《现代法学》2007 年第 4 期。国际法中的"法的一般原则"主要指的是各种具体规则之所以形成的背后的观念的集合，如条约必须遵守原则、禁止权利滥用原则和通报义务等。较为常见的国际环境习惯法规则是"各国均有权按照本国环境与发展政策开发的资源，并有责任保证在其管辖或控制范围之内的活动不损害其他国家的或国家管辖范围以外地区的环境"；司法判例主要是指国际法院、区域法院和国内法院的判决，是国际法的辅助性法律规范，其判决及意见常被视为对国际习惯的确认和具体体现；权威法学家学说作为国际法的辅助性渊源之一。

② 据联合国环境规划署《环境协定登记册》提供的数据显示，登记的国际环境条约（包括公约、条约、协定、协议、议定书等不同的形式）高达 216 个之多。

③ 金慧华：《世界银行环境政策的法理分析》，博士学位论文，华东政法大学，2006 年，第 78—89 页。

立场可以通过这些决议、宣言等的宗旨和其产生的程序在宏观上达成一致，这种政治上的意义和表态在国际问题的处理与解决上有时反而比法律更有效，"在国际上，最重要的是政治承诺，公约是有约束力的，但政治承诺比法律更重要"①。事实上，环境金融的发展也主要依靠这些软法规范和以此确立的国际环境事务规则得以推进。

一　起点：《联合国气候变化框架公约》与《京都议定书》

《联合国气候变化框架公约》及《京都议定书》的重要性不仅在于从环境保护角度以法规的形式限制了各国温室气体的排放，还在于它催生了以减少温室气体排放为交易目标的各种金融制度安排和金融交易活动，是环境金融发展的起点。随着《联合国气候变化框架公约》及《京都议定书》的实行，全球碳市场的参与者也从最初的国家、国际组织、企业等向金融机构拓展。各种排放（减排）以及以减排项目为标的的买卖，成为各类基金及投融资资本市场追逐的目标，由此派生出多种类似期权、期货的金融衍生产品。

（一）《联合国气候变化框架公约》（UNFCCC）

《联合国气候变化框架公约》（UNFCCC，以下简称称《公约》）在国际环境法领域中无疑是一项非常重要的国际法律规

---

① 金慧华：《世界银行环境政策的法理分析》，博士学位论文，华东政法大学，2006年，第56—69页。

范，也是环境金融得以发端的重要法律起点。《公约》不仅定义了"气候变化""温室气体""碳汇""源""库"等诸多法律概念，使之成为一项全新的应对专门性全球环境问题的"造法"公约，它还强调在经济发展中考虑环境因素并采取多种综合措施保护全球气候，为国际社会的不同成员确定可持续发展的权利和义务。在实体与程度规制上确立了公约目标、承诺、研究系统、缔约方会议、秘书处、附属技术咨询机构、履约机构、信息交流、资金机制、争端解决、公众意识及教育培训等原则性规定以及公约的生效、保留等内容。①

《公约》的全面实施对人类生活、生态、环境和经济发展都已产生了重大影响。首先，《公约》具有广泛的国际社会基础，它也是第一个由国际社会的全体成员参与谈判并达成协议的国际环境公约。其次，《公约》具有非常广泛的影响力，应对气候变化的全球性关系到每一个人类个体的活动和行为，它对减排的原则性规定几乎可以影响到人类的所有活动，既能影响消耗化石燃料等温室气体的排放活动，又能影响保护及开发森林等"库"和"汇"的吸纳活动。最后，《公约》可以直接影响缔约国甚至少数非缔约国的重大经济、政治、社会和环境利益及政策、战略的制定。②《公约》原则上确立了应对气候变化、将温室气体浓度稳定在防止气候受到危险的人为干扰的水平上，并对发展中国家和发达国家规定了不同的减排义务。

《公约》缔约方会议自 1995 年至今已经举行了数次，从

---

① 李威：《基于气候变化的国际环境法经济学考量》，《南通大学学报》（社会科学版）2009 年第 5 期。

② 杨兴：《〈气候变化框架公约〉与国际法的发展：历史回顾、重新审视与评述》，吕忠梅等主编《环境资源法论丛》第 5 卷，法律出版社 2005 年版，第 161 页。

近年来的缔约方会议核心议题可以看出，与环境金融有关的讨论也是异常激烈："巴厘岛路线图"明确谈判包括缓解和适应气候变化两方面的内容，其核心议题便是资金和投资方面的激励、技术开发和转让等；关于气候问题与环境金融发展具有重要意义的"碳外交"谈判，各发达国家为实现《京都议定书》2012 年减排目标在德国波恩举行的联合国气候变化谈判会议的谈判草案中就分析讨论了以下几项问题并予以特别明确：一是工业化国家的责任及其如何通过各自设定的目标来减少温室气体排放量；二是发展中国家该如何限制温室气体排放的增长；三是通过环境金融手段解决融资问题；四是治理的机构达成共识，明确提议建立一个新的机构用于管理适应和减缓气候变化的相关资源。上述四项提议中的第三项对融资问题的解决，是考虑到鼓励发展中国家参与减排，采用金融手段为其提供资金支持从而消减发展中国家在经济增长和消除贫困与减排之间的矛盾，并给予发展中国家平等的发言权。南非德班举行的《公约》第 17 次缔约方会议暨《京都议定书》第 7 次缔约方会议通过的四个决议包括批准《京都议定书》工作组和《公约》下"长期合作行动特设工作组"、实施《京都议定书》第二承诺期、启动绿色气候基金、建立德班增强行动平台特设工作组等，在资金问题上取得的重要进展是绿色气候基金的启动。

（二）《京都议定书》

《公约》自 1994 年 3 月生效，其特点主要表现为"框架"性，鉴于当时人类社会对减排的认知及其应对并无相对统一与详细的方略，对于如何限制和削减二氧化碳排放量并未规定具体的指标和时间表。1997 年第三次缔约方会议通过的《京都议定书》则用以解决具体问题。① 《京都议定书》为各发达国家开创了成本效益最佳的国际排放权交易、联合履约机制与清洁发展机制，采用这三种补充性的市场机制灵活地削减温室气体排放；允许新兴的工业化国家用"碳汇"方式通过造林和再造林等相对低成本的活动折抵部分温室气体的减排量；同时也为发展中国家履约所需资金设立了资金解决机制，以及为减少直至杜绝不遵守协议约定、确保缔约方履约而设立的遵约机制等。②

《京都议定书》通过对有关国家温室气体排放量进行定量限制并将其确定为一种环境资源产权的首次尝试，对日渐稀缺的温室气体大气容量这种环境产权在各国间进行分配。环境容量资源的有限有偿使用，使得这类环境产权得以确立，也为环境金融交易的发展提供了国际法上的依据和基础。

二　进程：金融业自律规范与行业准则

《公约》及《京都议定书》开创了环境金融的新时代，自此之后有关强化国际金融组织在环境保护和可持续发展中的责任与功能的议题就日渐成为许多重要的国际政策和法律文件共同关注的对象。各国际金融机构特别是多边发展银行也开始对逐步更新的发展模式及观念作出调整和回应，更为积极主动地确立了可持续的金融发展战略，明确了把环境关注这一义务

---

① 《京都议定书》对附件 B 中的多个国家的温室气体排放量作出了具有法律约束力的定量限制——以 1990 年的排放量削减水平为基准，2012 年前要将附件 A 中的 6 种温室气体总排放量减少 5.2%。

② 李威：《国际法框架下碳金融的发展》，《国际商务发展》2009 年第 4 期。

"融入主流"，成为金融行业发展的新方向。

《关于进一步实施〈21 世纪议程〉的规划》中明确规定"要鼓励多边发展银行积极履行其在发展中国家的投资承诺，以帮助促进其经济增长、社会发展和环境保护"。1995 年出席社会发展世界峰会的各国及政府首脑一致同意在《社会发展的哥本哈根宣言》中提到鼓励"多边发展银行支持政策和规划"，这些政策和规划的目的在于帮助实现发展中国家的可持续发展，"经济发展、社会发展和环境保护是可持续发展中相互依存也是彼此加强的三部分，通过在宏观经济政策的拟订和执行方面进行合作、贸易自由化、动员和提供充足的和可预测的新的增拨财政资源，提高这种资源的可供性，以促进可持续发展，利用一切现有资金来源和手段加强金融稳定，使发展中国家有更公平的机会进入全球市场，促进生产性投资及技术和适当知识，并适当照顾到转型期经济国家的需要，推动和执行政策，创造一个有利的外部经济环境；在国际一级，将设法确保多边开发银行和其他捐助方增加预定的社会发展投资贷款以调整补充贷款"①。在布雷顿森林体系成立 50 周年纪念大会上，七国集团峰会也明确将开发以银行等金融机构为主的金融创新方式用于支持人类与环境的可持续发展，对金融在调动有利于环境治理的发展资源等方面的特别作用提出并加以强调。这些国际法律文件都一致号召并要求国际金融组织支持实施可持续发展，建立与环境金融相关的新的金融机制并提供充分的运作资金。应该说国际法律文件中的号召性规定以及国际金融组织的相关回应对环境金融的发展具有极其重要的法律意义，它表明了国际组

---

① 《哥本哈根社会发展问题宣言》。

织，包括多边发展银行、世界银行等全球性金融机构认同金融
能够促进环境的可持续发展，能参与环境治理并成为治理解决
环境问题的重要助力这一基本观点。

环境金融行业自律性规范与标准在环境金融的具体规则与
操作层面上的规定较国际"软法"更为细致：主要有行业自律
准则与规范、行业间准则与规范、标准体系等。①

此外，亚洲开发银行、世界银行和加入"赤道原则"的银
行的框架性文件、政策报告，以及联合国环境规划署的相关金
融倡议也是国际环境金融发展的重要政策规范。

（一）亚洲开发银行

亚洲开发银行（Asian Development Bank）在 1993 年的亚行
框架文件中明确表示：在亚行范围内以里约会议为分水岭，改
进原来的银行业操作标准是一项"亚行必须适应的事件"。1994
年亚行确立了对亚太地区的可持续发展义务主要为"有效的经
济增长、减贫、保护环境、协助人口计划的进程和提高妇女在
发展中的作用等优先目标"。1995 年亚行在其政策文件中提出
参与全球治理，亚行开始认识并逐步确立了以责任、透明度、
公众参与和可预见性为标准的银行操作系统。在《ADB 中期战
略框架（1995—1998）》中又强调了增强亚行目前的可持续发展

---

① 行业自律规范主要有：银行业关于环境与可持续发展的声明书（UNEP）、金融机
构关于环境与可持续发展的声明书（UNEP）、保险业环境举措（UNEP）、赤道原则、伦敦
可持续金融原则以及世界企业可持续发展委员会金融部门声明、全球报告倡议（GRI）的
金融服务领域补充协议（G3）；行业间准则与规范主要有：联合国全球协议、可持续发展
商业宪章、可持续管理的综合指导方针、企业社会责任、负责任的投资原则、社会责任投
资，以及国际金融公司社会和环境可持续发展政策与绩效标准、ISO14000 系列标准、全球
报告倡议（GRI）发布的可持续发展报告指南（G3，2006）、社会责任 SA8000 等标准体系。

的重点及目标是平衡经济增长与社会、环境之间的关系。

（二）世界银行

世界银行的业务政策报告《环境评价》中明确规定了："要把自然和社会因素作为一个整体来考虑，在环境评价过程中如果发现项目活动违背所在国应当承担的环境与社会责任，世界银行将不予批准对其的投融资。"实践中，其他的多边发展银行，如欧洲复兴开发银行、亚洲开发银行等都有类似的规定。

以世界银行为代表的国际金融机构对可持续金融构架了"全面发展框架"，自 20 世纪 90 年代以来，由世行实施的融资项目就开始适用环境评价，如果存在潜在的环境不利影响，该项目融资将不能获批。2001 年的《世行环境战略》又将战略环境评价扩展到部门贷款决策中作为推行可持续金融发展的分析工具之一。世行通过成立专门的碳金融部门，将在《京都议定书》清洁发展机制（CDM）或联合履行机制的框架内的经济合作与发展组织成员国政府与企业的资金设立为专门的碳基金，用于购买发展中国家和经济转型国家以项目为基础的温室气体减排量。

（三）赤道银行

继《京都协议书》签署后，2003 年 6 月实施的"赤道原则"在环境金融制度发展以及国际金融发展史上都具有标志性的重要意义，也是最具里程碑意义的环境治理新起点，它直接推动了首批美国、德国等 7 国的 10 家国际综合性银行的环境信贷，银行业可持续发展之门的完全打开。① 继"赤道原则"实施后，各国的银行和非银行金融机构更加重视环境金融的发展，在业务过程中强化了采取绿色信贷机制来保护环境、参与环境治理。目前赤道银行的主要成员大多为一些大型的跨国银行，虽然总体数量并不多，但是，这些大型跨国银行因其在全球投融资市场中占有巨大的份额，对环境金融的影响力非常大，从而成为率先承担环境责任与社会责任的银行代表。

　　美国的美洲银行曾宣布了一项投资额度高达 200 亿美元的绿色商业发展项目，该项目的主要投资目标是以控制温室气体排放、减少能源消耗为核心的新能源技术。美洲银行还宣布要创立致力于绿色服务的公司，为参与低碳消费的个人和家庭消费者提供以低息贷款为目的的环境基金。除了美洲银行外，很多其他金融机构，如高盛集团、摩根大通和花旗银行同样承诺会采用绿色政策及投资。花旗银行也是最早签署联合国环境声明的美国银行之一，它在内部建立了非专职但有多方参与的环境事务管理机制，具体包括环境政策和流程培训机制、环境与社会问题风险管理机制、外部公共和私人事务合作机制以及涉及环保的业务开发机制等；而汇丰银行（HSBC）是将环保因素纳入信贷和风险评估流程中，要求客户的信贷项目需符合政府和监管机构的环保条件，汇丰银行还在林木产品、新鲜水资源、基础设施建设、化工和能源等高环保相关行业领域制定了一系列贷款指引，另外还推出了"绿色设备融资业务"（Green E-

---

① 　主要有花旗银行、巴克莱银行、荷兰银行和西德意志州立银行，随后包括汇丰银行、大通银行摩根、渣打银行和美洲银行在内的其他世界知名银行也纷纷接受这些原则。

quipment Financing）。[1]

德国的复兴银行作为政府、企业和个人可持续发展的贷款银行，其放贷条件就明确要求申请项目必须提高能耗使用效率、使用可再生能源、用循环经济的方法处理垃圾、减少废水产生、排放要达标。复兴银行会根据贷款申请人开户行的信用等级确定开户行总的贷款额度和利率，不同地区贷款额度不同，对一般企业贷款申请只贷50%，中小企业75%，中小企业也可向其他银行申请另外的25%，而对于开发利用可再生能源的企业则可以100%贷款。[2] 以上是这些商业银行管理与项目融资有关的社会和环境问题的一套自愿性原则及规定。

这些商业银行管理与项目融资有关的社会和环境问题，在全球范围内不分产业领域对资金规模在1000万美元以上的项目融资都要求实施这些原则。另外，联合国环境规划署也极力倡导和督促金融机构推行可持续金融。

（四）绿色经济计划

多年以来伴随全球性的经济增长的是环境的加速恶化与资源的人为损减，粗略估算1981—2005年全球的GDP总量翻了近一番，而与之形成鲜明比对的是，全球60%的生态系统都被损坏或者以不可持续的方式被过度开发与滥用。[3] 2008年10月，联合国环境规划署与全球著名的经济学家们一同启动了振作全

---

① 李伏安：《提升绿色金融理念　金融业须谋求可持续发展》，《中国证券报》2007年10月22日第A10版。

② 刘键：《德国环保财税政策及其启示》，《中国环境报》2006年3月17日第4版。

③ 蔺雪峰：《生态城市治理机制研究——以中国新加坡天津生态城为例》，博士学位论文，天津大学，2011年，第55—59页。

球市场的可再生能源计划——"绿色经济计划",从某种程度而言,这项计划是由之前的 G8 +5 国家集团共同发起的旨在抓住历史机遇,使"明天"的经济为今天所用的环境经济新战略发展而来的。"绿色经济计划"总共拥有近 400 万美元的等值基金,分别来自欧洲委员会、德国及挪威。此计划的主要功能有:一是对自然贡献评估,将其纳入国家及国际资产;二是通过发展绿色职业与计划以创造新的就业机会;三是建立设施和利用市场信号以促进传统经济向绿色经济转型。

第二节　国外环境金融的实施

目前,世界各国环境金融制度构建开始快速地向系统化、完善化发展,为解决环境问题,已有不少国家启动金融创新手段,建立低碳经济的多元化融资渠道以及提高融资效率,这些环境金融手段与模式的创新对各国和国际环境治理发挥了非常有效的积极作用,金融机构特别是银行起到了至关重要的作用。随着国际社会、以公众为代表的消费者和以企业为主的生产者等地球公民对环境保护与社会责任认识的提高,运用金融工具发展环境金融既解决了自身的环境污染问题,加强了对环境的保护,又探索出了新的低碳经济增长点。以美国和英国为代表的欧美大国在开展环境金融参与环境治理的过程中,其立法与政策的制定与实施所取得的环境与经济成效最为显著。

一　美国环境金融

在世界范围内，美国的环境金融制度体系构建相对较完善，对环境金融制度的实行也处于领先地位。美国的环境法律体系包括联邦政府、州和地方的环境法、行政法规以及法规解释、司法判决等。在环境金融领域，美国联邦政府及其各州政府都制定有相关法律、法规，并采取了一系列积极有效的经济与财税激励措施来保障环境金融的有效实施。因此，环境金融在美国得以快速发展并取得较有成效的经济与环境效应。①

（一）重要立法

从概念的起源上可以认定美国是全球第一个提出"环境金融"的国家，这一概念的正式提出也可以作为环境金融涵盖"绿色金融""碳金融"等多种关联概念的补充理由。20世纪90年代末，在世界经济可持续发展与金融改革及环境保护运动的强烈呼声中，环境金融在国际上开始兴起，开拓性地将环境因素融入金融创新之中，也将金融化手段纳入多元的环境治理之中。②

当时的美国正处在全球石油经济的顶峰，极大的资源消耗与资源紧缺和环境污染与破坏严重，伴随着频发的金融危机，这种不可持续的经济发展必然受阻。为此，美国政府开始积极

---

①　倪宇霞：《美国绿色金融制度研究》，硕士学位论文，湖南师范大学，2011年，第9页。

②　1987年世界环境与发展委员会的《我们共同的未来》报告、1992年《环境与发展宣言》和《21世纪议程》，推动了可持续发展在世界范围内的确立。

寻求更有效率的资源分配方式和可持续发展的经济增长方式。

首先，政府管理理念的转型。和世界许多国家的环境行政管理发展轨迹一样，美国联邦政府在对经济与环境相互关系的观念性转变也经历了从末端治理到倡导在企业生产管理中实行源头控制，从头痛医头、脚痛医治的管理方法到全过程控制的环境综合整治；另外一项重要的理念转型就是在行政权力与市场调节的角力中，开始更加强调行政干预金融制度与环境要素的适当性，充分发挥市场的能动作用等。

其次，进一步完善环境立法。美国联邦政府及其各州政府都制定了环境信贷的相关法律、法规，先后通过了多部涉及水环境、大气污染、废物管理、污染场地清理等有关环境保护的法律，用来严格要求公共机构应采取的行动和措施。在完善的环境立法之下，又制定了多部有关环境金融发展的法律条例，重点规范政府、企业和银行的行为并调节三方之间的关系。

此外，政策的指导上，采取了一系列积极有效的经济与财税激励措施来加以保障法律的实施，除了以法律的形式去提倡市场关注环境保护外，美国政府还积极利用财政、税收、信贷等政策促进低碳经济的发展。①

这一系列的转型不仅对美国当时及现在的环境保护政策与立法产生了实质性的促进，也在世界范围内带动了一种全新的环境治理模式——环境金融。

1.《超级基金法》

美国环境立法中较为重要的一部法律是 1980 年颁布实施的《超级基金法》。《超级基金法》详细地规定了基金来源、基金

---

① 晋自力：《绿色信贷的国际比较与借鉴》，《生产力研究》2013 年第 3 期。

项目及方向，是环境金融在美国的早期构建中的起点性立法，"若放款银行能够影响贷款客户的废弃处理决策，则无论其是否发挥该影响，都应对贷款客户的环境损害负有法律责任"，对环境金融制度在全球范围的产生与发展都有着重大意义。该法还明确了银行等金融机构的环境责任及行动要求，规定了贷款银行有义务对债务企业应当支付的环境治理费用负责，以明确经济的可持续发展准则将政府、金融机构、环保机构、企业及个人都纳入到环境治理之中，具体内容有：

第一，建立了"反应基金"。该基金的用途主要有两方面：在受害者得不到责任人的补偿时，以该基金用于补偿受害者所遭受的损失，以及用于恢复、更新已被损害的自然资源。"反应基金"主要是政府通过财政税收等方式建立的。

第二，规定排放有害物质的责任者的责任范围，以保证其在该企业的投融资不会因为潜在环境风险及环境损害而受损并承担相关责任，提高那些高污染、高能耗的生产企业的生产成本，以强制责任的方式降低有害污染物向环境的排放。

第三，要求贷款银行要主动参与债务企业生产经营活动的决策和管理。强化金融业特别是银行的环保责任。通过经济制裁的方式，包括其应当承担的清除污染费用和恢复自然资源的相关费用等，将对环境因素的评价纳入银行信贷、资产管理和风险投资中。

自《超级基金法》中规定的银行环境责任被社会认可并开始推行后，美国银行业开始尽量避免为存在环境问题的企业提供贷款，注重对经营过程中环境因素的考虑。20 世纪 90 年代，美国通过对一些商业案例的判定进一步明确了金融业的环境责任。

2.《清洁能源与安全法》

2009 年 1 月，美国总统奥巴马发表了"美国能源与环境计划"，为《清洁能源与安全法》的出台铺路。2009 年 3 月，美国众议院能源委员会向国会提出了 2009 年《清洁能源与安全法》，认为根据美国当前的发展模式，能够解决美国的金融危机和气候恶化的唯一方法就是发展低碳经济。

这部法律是奥巴马政府实施绿色新政中具有里程碑意义的立法，《清洁能源和安全法》为政府在促进低碳经济发展提供了相关政策、财税、经济、技术、市场方面的规定。立法的目的是创造新的就业机会为美国经济复苏做好准备，并减少对国外石油的依赖以提高国家安全，通过减少温室气体的排放来减缓全球气候变暖，该法不仅是美国也是全球环境金融体系建设和发展的重要转折点。立法所涉及的"低碳经济转型"被认为是美国经济发展至关重要的一步，帮助拉动和确保美国经济增长和美国在下一轮全球经济的制高点上占据领先地位。①

作为一项重要的立法，《清洁能源与安全法》的主要内容在于调整国内产业结构，增加科学研究和技术投资，寻求新的能源发展之路，并明确规定了工业部门的创建要符合相应的环保标准并经环境保护部门审批，将其作为对资金来源有直接影响的重要因素，通过这些方式来控制温室气体的排放、解决能源短缺和经济衰退、减少失业率，并且在设立企业等前期贷款或融资中考虑环境因素。此法案中值得一提的是对于碳捕捉与封存技术（CCS）的推广应用也与财政及金融信贷挂钩，对于减

---

① 国家电监会研究课题组：《美国清洁能源和安全法简介》，《中国水能及电气化》2009 年第 8 期。

少温室气体排放、减缓全球变暖，美国开始作出积极响应，要求 "2020 年后和 2012 年到 2015 年期间获准新建的燃煤电厂在运行起动之时，必须使用碳捕捉与封存技术（CCS）；如果不遵守相关规定将无法得到联邦的财政支持"。这也反映了奥巴马政府对待气候变化问题较之前任布什政府的态度有所改观。

此后，美国各大银行及其他金融机构开始重视金融业的可持续发展并在经济发展中推出各种环境金融产品，环境金融在以上立法及实施中逐步发展。[1]

3. 《能源政策法》

《能源政策法》也对美国的环境金融发展有着重要影响。《能源政策法》在美国有其产生的特殊背景，美国联邦政府需要寻找替代性可再生能源及清洁能源，并通过强制性与支柱性的手段推行普及新能源及其产品以应对自然资源的日益紧缺。虽然该法没有与环境金融直接相关的法律规定和解释，但对可再生能源及清洁能源使用的相关规定反映出美国应对能源危机的严峻性和必要性，特别是该法强调只要能够增加能源、推进新能源发展的生产者及行业都可得到投资税减免的优惠，这种税收激励措施无疑直接带动了环境金融产业特别是投融资产品的发展。

该法要求美国的可再生能源提供的能量有要大幅度提高并对可再生能源的开发利用给予投资税额减免的优惠政策[2]，还对

---

① 何建坤主编：《国外可再生能源法律译编》，人民法院出版社 2004 年版，第 20 页。

② 该法要求美国的可再生能源提供的能量在 2010 年要比 1988 年增加 75%，对隶属州政府和市政府的电力公司和其他非营利性的电力公司使用符合条件的新的可再生能源发电系统给予为期 10 年的减税。该法的实施，一定程度上缓解了美国的能源危机，改善了环境污染状况。参见倪宇霞《美国绿色金融制度研究》，硕士学位论文，湖南师范大学，2011 年。

电力行业的供应竞争和用市场机制来推进新能源技术的推广等作出了规定，对太阳能和地热能给予百分之百的减税优惠等。

（二）美国环境金融实践

上述立法也带动了美国金融业参与环境金融的积极性，能够较好地引导金融业推行绿色的可持续发展模式。美国的环境金融实践主要从协调经济和环境的相互关系入手，实现经济和金融系统的可持续发展，也为环境治理提供了金融上的控制方法。相对于其他国家，美国的环境金融发展处于较高水平，环境金融制度的构建有效改善了长期经济发展与环境保护的相互关系，例如美国将绿色农产品的生产企业和国家环境保护的政策均纳入由消费者具有选择权的市场竞争之中，这种方式促进了金融部门和工业部门在运行过程中对其环境因子的关注，将社会资本与资源有效地倾斜到绿色产业、实现了环境效益与社会经济效益的最优配置。

这些都归功于环境金融所坚持的可持续发展理念，以及金融资本对绿色生产技术、绿色经营理念、绿色金融产品的推广，这些环境金融实践不仅推动了美国经济复苏，使其经济增长由负增长转为正增长，还缓解了美国的金融危机和社会危机。

1．"伯尔第斯原则"的早期践行

1989 年 5 月，美国 CERES 投资集团确立了对地球环境负责的"伯尔第斯原则"①，同意适用伯尔第斯原则的企业必须遵循原则各项内容，同时还要向 CERES 投资集团提交年度环境报

---

① 美国 CERES 投资集团于 1989 年发表对环境负责的伯尔第斯原则，CERES 投资集团以这个原则为基础用投资控股的形式对那些和环境问题密切相关的企业和公司进行积极渗透，受到很多企业的仿效。

告。集团根据企业的环境情况来决定对企业的具体投资方针。伯尔第斯原则成为一种既有助于提高投资的效益性、化解金融风险，又能够体现企业的社会责任感、使企业的社会形象得到提升的行为原则。

2. 金融产品创新

美国各大银行通过发放贷款、利率调控以及融资等来实现金融业的绿化经营，环境金融的市场占有率可以作为评价社会与环境问题上的新型低碳生产模式与传统高能耗生产模式孰优孰劣的标准，而环境金融产品的创新是环境金融发展的主要方式之一，也能在一定程度上反映环境金融实施的程度与效果。

美国在各种行业、产品与服务中推出与环境治理相关的金融工具，环境金融产品可以通过住房抵押、商业贷款和信用卡、存款等形式进入资本流通领域，通过金融创新手段来刺激个人、家庭与企业等社会主体积极运用这些具有可持续性的环保产品和技术，将环境金融产品的主要运用者定位于注重环境效益的客户。结合近年来美国银行等金融机构开发的金融创新产品及投资案例显示：2006 年，美国新能源银行与高能效太阳能技术供应商 SunPower 公司合作推出了"一站式融资"用于绿色能源房屋的建设项目；美国富国银行①已提供 7 亿美元的捐赠用于"绿色"商业建筑项目，通过资金支持促进节能减排技术运用在节能技术推广项目与绿色环保存款项目上，储蓄资金主要是用于本地节能公司的借贷项目并完成了 12 项通过环境认证的建筑融资项目；北美岸边银行通过这种长期的房屋净值贷款融资项

---

① 富国银行是美国唯一一家获得 AAA 评级的银行，建于 1852 年，名称一直未变；按商业银行资本市值，全球排名第四。富国银行是一家提供全能服务的银行，业务范围包括社区银行、投资和保险、抵押贷款、专门借款、公司贷款、个人贷款和房地产贷款等。

目为客户提供经济的贷款方案从而实现可持续发展。此外，在个人环境金融产品的开发上，具有代表性的主要是美洲银行推出的环保信用卡。

3. 公共项目投融资

美国主要的商业机构对企业、政府机关和其他公共机构的环境金融投资，包括项目融资、证券化、私募基金、股权等，这些项目投资成为环境金融市场上的主要推动力，这些商业银行把美国国家环境政策、可持续的金融政策和经济发展相结合，起到了引导资金流向环保产业项目中去的作用，美国的环境金融项目主要包括碳减排投资项目和可替代燃料、风电资产组合、可再生能源项目融资等。

（1）碳排放投资项目

以银行为主的金融机构通过直接购买碳排放信用，充当中介为碳排放企业和投资者提供交易平台。在美国，一些银行早在几年前就已经致力于温室气体排放额度交易平台的建立。2007 年 7 月，美洲银行主要为电力部门和利益相关者提供的融资占电力部门在 2008 年的二氧化碳排放量的 7%。美国银行成为芝加哥气候交易所的会员，这些都充分说明美国国内要求提高现有的温室气体减排目标。①

（2）可替代性燃料融资

在可替代性燃料融资上开展业务较多的主要是西德意志银行，承诺在 3 年内将在芝加哥气候交易所购买 50 万吨二氧化碳的排放权；该行曾为美国各类乙醇工厂的建设与开发项目融资

---

① 倪宇霞：《美国绿色金融制度研究》，硕士学位论文，湖南师范大学，2011 年，第 30—38 页。

累计超过 15 亿美元，极大地支持了生物燃料、可可替代性燃料领域的研发及进步。

（3）风电资产组合融资

美国的摩根大通通过将排放成本进行财务量化，来实现对温室气体排放的控制与投资行为。摩根大通作为美国风电能的主要投资者，至 2010 年共为可再生能源项目融资 67 亿美元。

（4）可再生能源项目融资

2005 年，德克夏银行发起了命名为 "Invenergy" 的美国可再生能源项目融资项目，在可再生能源项目融资上，世界上第一个为风能项目提供全面绿地建设融资的就是德克夏银行，这也是世界第一个将风能项目与风电场开发建设风险相结合的环境金融项目。[①]

4."绿色"证券发行

环境金融的一项重要功能就是将金融业快速便捷的融资能力运用到环境治理之中，越来越多的投资项目迅速提升了对资本的要求，随着低碳经济发展模式在全球推广和实施，世界各国都在大力发展可持续金融和加快发展绿色投资。环境要素在资本市场上的资本化中，最常见的基础工具就是证券这一金融工具，在实践中得到绿色认证的银行或绿色企业发行的股票成为吸引投资者认购的证券。"绿色"证券的发展，有力地解决了环境项目资金不足的问题。按发行主体的不同，可将其分为三种：第一种是金融业如银行、保险公司、金融机构发行的，如环境基金会发行绿色证券，生产、

---

① 倪宇霞：《美国绿色金融制度研究》，硕士学位论文，湖南师范大学，2011 年，第 30—38 页。

流通等领域的绿色证券公司、银行和其他金融机构发行以环保项目投资为主要目的的证券。第二种是企业通过发行绿色证券，如股票、债券、环境权证等，来弥补资金的不足，收集所需资金以帮助企业的发展。第三种是市政债券，是指由当地政府或者其授权的代理公司发行的地方城市基础设施和社会公益项目的有价证券，其主要目的在于城市基础设施建设，美国市政债券在整个政府体系中的债务比例约为20%，市政债券成为当地基础设施建设融资的主要工具。① 长期市政债券发行规模占国内生产总值的2%—3%。它不仅为美国作出了很大的贡献，随着城市的发展，也为环境管理提供了更多可选择金融工具和金融支持，是美国市政债券发展最快、最标准的运作之一。

二 英国环境金融

如前所述，气候变化是环境金融发展和形成的一个重要原因，英国是世界上第一个将温室气体减排目标以法律形式明确化的国家。

（一）法律规制——英国《气候变化法》

2008年11月26日，英国为向国际社会展示其在气候变化问题上承担责任的国际领导力，英国女王批准《气候变化法案》

---

① 美国的水务市场（包括供水、污水处理、污水管网、河道疏浚等），建设性投资需求为每年2300亿美元，其中85%来自市政债券，政府财政投资只占15%。参见王玲《利用资本市场完善污水资源化建设的投融资体系》，《财会研究》2006年第3期。

（Climate Change bill） 正式形成为《气候变化法》（Climate Change Act），是以立法形式促进英国经济向低碳转型的重要标志。

1. 制定背景

早在 1990 年英国就启动了要求各政府部门在其政策制定和项目实施中考虑环境因素或对政策进行环境评估的“绿化政府”运动（Greening Government Initiative，GGI）。英国经济发展水平、技术创新能力和特殊的岛国地理环境易受气候变化威胁等多种因素造就了民众对气候化问题专门立法的赞同态度。

在经济结构上，英国的能源消耗和碳排放比例所占的全球比例较高，因此，英国在应对本国能源需求和全球减排的需求下，凭借其在可再生能源的技术创新的丰富经验与开发利用方面的领先优势，大力整合能源政策，制定了向低碳经济转型的可持续战略立法。

英国政府和民众普遍关心并支持应对气候变化并积极开展国内各种努力行动，此外，国际社会一直在进行的多边气候变化谈判也是英国制定《气候变化法》的重要外在动力。英国在气候变化和能源问题上始终比较积极地向国际社会展示英国在全球气候变化事务中的减排责任，显示其在气候变化问题上的国际领导力，尽快出台《气候变化法》也成为英国的迫切需要。①

自 2003 年起，英国政府相继发布了三份能源白皮书，划定

---

① 兰花：《2008 年英国〈气候变化法〉评价》，《山东科技大学学报》2010 年第 3 期。

了减排行动的路径和方向。2003 年英国政府发布第一份能源白皮书《我们能源的未来：创建低碳经济》，最早提出低碳经济的理念。2007 年 5 月，英国政府公布了第二份能源白皮书《迎接能源挑战》；2009 年 7 月，英国政府公布了第三份能源白皮书《英国低碳转型计划》，对前两份白皮书提出的政策和措施进行了修正和细化，将减排目标分解到各部门，对英国主要能源部门的用能结构和可再生能源开发提出了要求，以保证顺利过渡到低碳社会。上述三份白皮书①为英国制定《气候变化法》提供了坚实的经济、技术、政治和社会基础。

　　作为欧盟的成员国之一的英国还积极参与欧盟的排放贸易体系②，《气候变化法》共 103 页由 6 部分组成，第一部分是碳减排目标和碳预算（Carbon Target and Bud-getting）；第二部分是气候变化委员会（The Committee Climate Change）；第三部分是碳排放交易制度（Trading Schemes）；第四部分是气候变化的影响以及适应措施（Impact of Adaptation to Climate Change）；第五部分是其他条款（Other Provisions）；第六部分是总附加条款（General Supplementary Provisions）。③作为世界上首部温室气体减排目标的国内立法，英国《气候变化法》把削减碳排放、适应气候变化和向低碳经济转型相结合，并从制度、程序和机构

---

　　① 宋锡祥、高大力：《英国〈气候变化法〉及其对我国的启示》，《上海大学学报》（社会科学版）2011 年第 2 期。

　　② 欧盟排放贸易体系于 2005 年 1 月 1 日正式启动，覆盖了欧盟当时的 25 个成员国，包含近 12000 个排放实体，占欧盟地区排放量的一半以上。不过欧盟排放贸易体系与英国的排放贸易体系不太相同，前者注重的是为各相关部门设定排放上限，后者强调企业的自愿参与，通过经济激励促进企业参与减排。

　　③ 兰花：《2008 年英国〈气候变化法〉评价》，《山东科技大学学报》2010 年第 3 期。

等方面作出规范，为减排目标的实现确立了经济上可行的路径。[①]

（二）实施——气候变化委员会

气候变化委员会是根据《气候变化法》设立的法定独立机构和专家团体。[②]《气候变化法》明确规定成立气候变化委员会负责向政府提供独立的专家建议和咨询，负责编制碳预算和英国未来减排目标。委员会还要对开发新能源、可再生能源提出建议，并每年检查减排情况，就政府的减排工作进展情况和存在问题，向议会提交公开、透明的年度报告。此外，气候变化委员会对碳排放交易制度提出建议，并可能直接干涉排污交易。[③]

（三）能源政策的立法整合

英国政府尤为重视国内的能源发展问题，也制定和修改了一系列与气候变化有关的能源法律法规，包括《气候变化税收规定》（2001、2002—2007 修正案）、2002 年《可再生能源义务法令》、2003 年《可持续能源法》、2006 年《气候

---

① 《京都议定书》附件 B 规定英国的减排目标是到 2012 年温室气体排放量在 1990 年的基础上减排 8%，而根据欧盟内部的"减排量分担协议"，英国的减排目标是到 2012 年其温室气体排放总量在 1990 年水平上减排 12.5%，在 2050 年之前实现减排二氧化碳和其他温气气体 80% 的目标。

② 《气候变化法》的第二部分是关于气候变化委员会的设立与职责的规定。为了协助和保障减排目标的落实，《气候变化法》明确规定，英国政府要设立一个新的独立的法定机构——气候变化委员会（the Committee on Climate Change），该机构就碳排放的控制与削减、气候变化的适应等事项，向英国政府提供独立的专家建议和指导。参见兰花《2008 年英国〈气候变化法〉评价》，《山东科技大学学报》2010 年第 3 期。

③ 王仲成：《英国〈气候变化法〉的出台及其减排路线图》，《林业经济》2010 年第 3 期。

变化与可持续能源法》、2009 年《低碳转型计划》国家战略、2010 年《能源法》等。这对于英国经济产业向低碳经济转型极为有利，也为英国控制温室气体排放减少了行动的阻力。

上述能源政策的立法整合集中体现在 2010 年《能源法》中，该法围绕市场与自由竞争①进行碳捕获与封存、社会价格支持机制等的制度设计，旨在通过立法规制实现对新能源发展的市场激励、促进新能源技术创新与进步。由市场配置调动起来的积极性所形成的市场激励机制和市场模式也为应对气候变化的金融参与提供了坚实的实践基础。

三　国际环境金融

可持续发展理念源自国际社会，环境金融发端于国际环境治理，金融的可持续发展框架最先也由一些国际金融机构提出并实践。这种可持续金融框架主要是指要全方位、长期地考虑与发展有关的各种问题，可持续发展应当全面重视社会、环境、经济、文化、制度与金融等多种经济与非经济因素的相互关系，特别是要突破传统的发展观只强调经济因素的局限性。

（一）环保银行

环保银行是为环境建设项目提供资金支持，经营环境业

---

① 政府通过法律确立了政府与开发商之间的市场地位、权利和义务，以及相关责任，保证了资金拨付使用的有效性和开发商按市场运作进行技术创新的自由。CCS 示范项目的资金拨付是以合同形式完成的，通过市场竞争对 CCS 示范项目进行选择。开发商之间的自由竞争使有最优技术的开发商能够首先获得项目资助，这是财政资金市场化分配的较好尝试，为环境金融铺垫了市场化的新路径。

务，以盈利为目的而吸收社会资金投资于环境项目的专业性商业银行。它是整个国家金融体系，以及环保金融体系的一个特殊组成部分。1988年5月世界上第一家以环境保护为宗旨的银行在德国法兰克福诞生——艾科环保银行。环保银行的主要业务是办理重点建设与投入的环境项目的政策性、商业性贷款和贴息业务，以跨区域、跨行业的基础环境工程设施投资为主，环保银行的主要职能是：信用中介职能、支付中介职能、信用创造职能，通过环境信贷项目或发放债券等方式为环境保护筹集资金。目前，环保银行在世界范围均有分布，以波兰环保银行为例，在发展国民经济的同时也为环保提供了专项资金，不仅对波兰本国的国家环境政策实施和环境治理有所贡献，也对波兰周边国家环境资本的形成和环境项目发展发挥了重要作用。

波兰环保银行是波兰环保金融体系的一个特殊组成部分，环保银行主要为波兰环境资产项目建设筹集资金并提供贷款、为环保技术与仪器设备研发、生产与服务提供资金；为环保项目提供投资咨询服务，支持如水与空气等基本环境保护项目、高效利用燃料和电力、垃圾处理等生态资产以及开发和生产用于环保的仪器设备以及大型的环境项目建设。波兰环保银行严格根据环保项目对环境治理的作用来制订资金标准，为这些环保项目提供贷款利率较低、偿款期限比较长的金融业务和资金。对这些环境项目的投资主要由环保银行的职工和一批环保专家负责，这些专家包括经济学家和环保专家，对每个贷款项目所能带来的效益、预期偿款能力和改善环境的作用等方面进行分析，并配有现代化的运行程序

和相应的组织管理机构。① 波兰环保银行也控股创建相关环境
类公司，以其所有的相关环境类资产积极开展生态资产租赁与
环境经纪业务，提供环境治理现代化所需要的资金。

（二）国际金融机构

国际金融机构的环境金融实践发展较早并且进展迅速，以
世界银行、国际金融公司、国际货币基金组织为典型，是国际
环境金融市场的有力参与者与推进者。世界银行已经成立了专
门的碳金融部门，在《京都议定书》清洁发展机制（CDM）或
联合履行机制的框架内，使用经济合作与发展组织成员国政府
与企业的资金向发展中国家和经济转型国家购买以项目为基础
的减少温室气体排放量，由碳金融部门的一个碳基金出资购买
这些减少的排放量。

国际金融公司（International Finance Corporation，IFC）是
联合国为发展中国家私营部门的环境项目提供多边贷款和股本
融资的专门机构。国际金融公司同样致力于国际环境金融市场
的开发，由其下属的专门机构——可持续金融市场机构（Sus-
tainable Financial Market Facility，SFMF）来开展"可持续发展
和减轻气候变化领域的金融服务"。IFC 认为：气候变化对全球
的影响巨大，特别是对发展中国家未来的经济发展与环境都造
成了巨大的风险，而国际金融公司有义务为发展中国家确定环
境融资方案以应对此风险、减轻气候变化对这些国家的影响。
IFC 为可再生能源的开发确定相关的金融和信贷额度，将大量资

---

① 邱邝都、夏维：《波兰环保银行近况与前景》，《全球科技经济瞭望》1998 年第 6
期。

金用于清洁生产技术的研发与运用，把"可持续性标准"纳入环境产品供应链中。IFC还专设了碳金融机构，直接为合格的买家和卖家提供碳融资服务，该机构的碳融资产品和服务主要包括：销售碳信用额度现金流的货币安排、碳交付保险、富碳产品与营业的债权及资产安排、与气候中介机构和政府合作以各种资本运营手段促进碳信用的实现。该机构还指导并支持一些私营部门参与碳市场，帮助中小型企业实现公司治理结构改善、提高能源利用效率，既实现减排又为小型排放者解决融资问题。为推动减少全球温室气体排放，IFC通过碳融资项目的碳信用额度为创建环境金融新兴市场贡献了尝试性的成果，大量新兴的环境金融交易市场和中介机构都具有极大的开发潜力。[①]

（三）全球环境基金

作为积极推动《21世纪议程》的资金机制，从1991年成立以来，全球环境基金（GEF）主要在生物多样性、臭氧层及持久性有机物、气候变化、土地退化、国际水域综合治理等领域向发展中国家和经济转型国家提供大额度的赠款及融资，专门负责向发展中国家的环境项目提供资金援助，是以改善全球环境为目标的国际金融组织。在其成立之初，主要以赠款形式向发展中国家提供援助，至今共向全球一百多个国家的上千个项目提供数百亿美元的赠款和联合融资。

此外，由全球环境基金（GEF）管理的气候变化特别基金（SCCF）也是国际环境金融的重要参与者，它是对《公约》和《京都议定书》之外的其他融资机制的补充，气候变化特别基金

---

① 李威：《国际法框架下碳金融的发展》，《国际商务发展》2009年第4期。

是发达国家在里约峰会期间通过《马拉喀什协定》而建立的，旨在促成发达国家履行其在各种国际环境条约下的义务而建立的一类联合基金计划，目的在于资助发展中国家的气候适应、技术转让、能力建设及经济多元化项目。[①]

（四）联合国环境规划署金融行动机构（UNEP FI）

1992 年 5 月，联合国环境规划署成立了金融行动机构（United Nations Environment Programme Finance Initiative，UNEP FI）。目前，全世界包括银行、保险、基金管理机构、投资咨询机构等在内的多个机构已加入该组织，成为第一批促进可持续的金融进入政治议程的国际组织。全球金融企业参与共同面对稀缺资源、能源安全等一系列问题和新时代的低碳的投资机会。目前，该组织的主要成员还将进一步扩大，以提高可持续金融的全球的影响。联合国环境规划署 FI 的目标是可持续的金融理念推广和普及。

它要求参与的金融机构必须提交短期、定期报告，分享各自的可持续金融实践经验，通过政策、技术、法律等分析银行、保险公司及其他金融机构在可持续金融中的风险与合作，寻求可持续金融的良好商机。

此外，还有国际知名碳资产管理和碳交易机构，如益可环境国际金融集团、德国 RWE 清洁能源技术有限公司等；国际环境金融领域的领先银行如德意志银行等，国际知名的低碳技术业务咨询公司如普华永道都是目前国际环境金融市场上的活跃者。

---

① 李威：《国际法框架下碳金融的发展》，《国际商务发展》2009 年第 4 期。

　　发展中国家环境资本项目获得国际金融机构的政策性融资贷款对投资来说是一个极为重要的来源。这类国际金融组织主要包括世界银行、国际货币基金组织和国际金融公司等。贷款类型大致有：世界银行硬贷款、世界银行软贷款、国际开发协会贷款、国际金融公司和国际货币基金组织贷款、亚洲开发银行的贷款等。它们提供的政策性贷款具有较强的服务于人类共同利益的宗旨及目标，所以发展中国家的环境建设项目融资比较容易得到这类贷款支持。一般主要以执行联合国的环境政策目标为基准，贷款的利率相对较低，偿还期限较长，其中，世界银行与国际货币基金组织的贷款等具有很强的政策性；而国际金融公司所提供的贷款则更加关注项目的盈利能力、投资前景及其对受贷国区域经济发展的推动作用。政策性贷款多数情况下只有其会员国才能获得贷款资格，在我国环境资本项目的融资实践中也应运极广。发展中国家的环境资本项目比较容易获得这类优惠贷款的支持，其他国际金融机构的政策性贷款为了防范资金投资风险，一般情况下都具有严格的项目论证、审批程序，项目运作直接接受来自贷款银行的监督，以保证做到专款专用。

　　国际金融组织已经开始通过自身的强强联合以及与国际环境保护组织、联合国主要职能部门、非政府联盟等机构建立合作伙伴关系来扩大可持续金融的全球合作。[1] 自里约会议之后，很多国际机构、金融组织、政府部门又进一步地把可持续发展框架应用于城市发展、农业、供水、能源等项目中，并在环境基金、执行《蒙特利尔议定书》多边基金和示范碳基金（PCF）

---

[1]　World Bank, *Annual Report 2005*, Washington D. C: The World Bank Group, p. 54.

的框架内，与世界卫生组织、联合国开发计划署、联合国环境规划署建立了合作伙伴关系；与美洲发展银行、欧洲复兴开发银行、非洲发展银行等世界主要金融组织建立了可持续合作关系；与自然保护联盟达成了谅解备忘录并与地球理事会、欧洲投资银行及亚洲发展银行、世界自然保护联盟、野生动物基金会等非政府组织建立了友好协作关系。

第六章

中国环境金融——政策及
环境信贷的实践

中国环境金融规范以政策为主要表现形式，这是对发展环境金融的现实要求所做的积极应对，但是这些"政策性"立法存在着立法层次低、可操作性不强、内容不全面等缺陷。在实践层面，中国目前已经成立和正在筹建的环境交易所多达上百家，碳排放权交易在中国相对其他环境金融品种而言是发展最快、规模最大的，作为碳交易前提的碳权配额分配虽然已有一些尝试，但还未形成较为合理的分配机制，碳排放权的商品属性也未能从法律上得以确认。环境金融在中国只是刚刚起步，实践中以环境信贷为主要类型，其市场规模和作用都比较有限。

第一节 中央部委政策规定

作为一个负责任的发展中大国，中国对全球生态保护与气候变化问题同样给予了高度重视。环境金融制度在我国发端于1995 年，中国人民银行曾在 1995 年 2 月 6 日颁布《关于贯彻信贷政策和加强环境保护工作有关问题的通知》，该通知是我国金融领域首部关于环境金融的政策性规范文件，它规定各级金融部门要把自然资源和环境的保护融入信贷工作中，开始在金融领域提倡把国民经济发展和保护环境资源、改善生态环境相结合，在银行贷款的考虑因素中增加对污染防治与生态保护这类环境因素的考量，以金融业的"绿化"为契机，带动经济建设与环境保护的协调统一。

该文件出台之后得到了我国环境保护部门的高度重视，随后，当时的国家环保总局（现环境保护部）在 1995 年 2 月 14日发布了《关于运用信贷政策促进环境保护工作的通知》，该通知要求各级环保部门要认真学习并了解我国银行信贷政策及其他金融业相关规定，关注金融和信贷政策的改革进展，同时将环境保护的工作情况与环保意识积极主动地与金融部门沟通，充分发挥金融信贷政策作为参与环境、经济发展综合决策以及环境治理手段的重要作用。自此，绿色信贷开始出现在我国商业银行的发展历程中，尽管在当时并未明确提出环境金融、绿色金融等名称，但金融与环保的联系已经被确立下来，环境金融也由此逐步步入社会经济发展轨道。

1997 年 8 月，财政部又颁布了《全球环境基金项目管理暂行规定》。该规定旨在规范和加强全球环境基金赠款项目的管理，以确保在我国实施的全球环境基金赠款项目符合我国国民经济与社会发展战略，并以此支持我国国际环境公约的履约能力，帮助我国融入全球环境金融大格局之中，实现国家和全球的环境与金融可持续发展目标。①

银监会 2004 年发布《关于认真落实国家宏观调控政策进一步加强贷款风险管理的通知》，2006 年发布《关于继续深入贯彻落实国家宏观调控措施切实加强信贷管理的通知》，明确要求对六类产能过剩行业和四类产需基本平衡但规模过大的行业实行严格贷款审批制度，严禁银行向不符合国家产业政策和市场准入条件的行业提供资金支持，并督促银行业金融机构高度关注高耗能、高污染行业的生产和投资增长情况，对已投入的贷款做好风险控制工作。②

2007 年 7 月，国家环保总局（现环境保护部）与中国人民银行、银监会共同发布《关于落实环保政策法规防范信贷风险的意见》（本段简称《意见》），该《意见》把加强环保和信贷管理工作的协调配合作为立法目标，通过经济、金融手段迫使企业将污染成本内部化，督促企业采用节能减排的技术与措施；《意见》还强调要强化环境监督管理、严格信贷等金融领域的环保要求，防范因环境问题而产生的银行信贷责任，并强调各商业银行要将支持环保工作、控制对污染企业的信贷作为履行社会责任的重要内容。

2008 年 2 月国家环保总局发布了《关于加强上市公司环境

---

① 该文件于 2007 年被《全球环境基金赠款项目管理办法》取代。

② 罗俊：《低碳可持续发展战略金融手段的研究与实践》，《中国商界》2012 年第 8 期。

保护监督管理工作的指导意见》（本段简称《意见》），该《意见》要求上市公司应当积极承担保护环境的社会责任并改进环境表现，确立以资源节约型和环境友好型为导向的企业发展目标。

2009 年 3 月中国人民银行与银监会联合发布了《关于进一步加强信贷结构调整促进国民经济平稳较快发展的指导意见》，要求加大对产业转移的融资支持，支持过剩产业有序转移，坚持"区别对待、有保有压"的方针，积极鼓励和引导银行业金融机构对重点项目、产业和区域加大信贷支持。

2009 年 5 月环境保护部与中国人民银行联合印发了《关于全面落实信贷政策进一步完善信息共享工作的通知》，针对目前信贷信息交流不完善的问题，要求扩大环保信息报送范围，规范环保信息报送方式和时限，确立了信息动态管理机制，强化了信息更新等。之后环境保护部印发了《关于贯彻落实抑制部分行业产能过剩和重复建设引导产业健康发展的通知》。

2009 年 12 月 23 日，中国人民银行、银监会、证监会等联合印发《关于进一步做好金融服务支持重点产业调整振兴和抑制部分行业产能过剩的指导意见》，明确信贷投放要"区别对待，有保有压"，要求金融机构"严把信贷关"，并提出，金融机构要进一步加大对节能减排和生态环保项目的金融支持，支持发展低碳经济。鼓励银行业金融机构开发多种形式的低碳金融创新产品，对符合国家节能减排和环保要求的企业和项目，按绿色信贷原则加大支持力度。

2011 年，环境保护部就《环境服务业"十二五"规划（征求意见稿）》向国家发展改革委、工信部等 24 个部门征求意见，该意见稿提出，到 2015 年，环境服务业产值占环保产业的比重达到 30% 以上，发展 10—20 个年产值在 100 亿以上的全国性综合环境服务集团，同时仿照合同能源管理模式，开展合同环境试点，并鼓励环境服务业企业在境内外上市融资。将进一步推动环境产业战略转型，利用环境服务业的发展带动环境装备制造业的发展。

2012 年，环境保护部会同国家发展改革委、中国人民银行、银监会联合发布了《企业环境信用评价办法（试行）》，指导各地开展企业环境信用评价，督促企业履行环保法定义务和社会责任，约束和惩戒企业环境失信行为，帮助银行等市场主体了解企业的环境信用和环境风险，作为其审查信贷等商业决策的重要参考。

银监会于 2012 年 2 月 24 日制定下发了《绿色信贷指引》，要求中国银行业金融机构从战略高度推进绿色信贷，加大对绿色经济、低碳经济和循环经济的支持，防范环境和社会风险，提升自身的环境和社会表现，对商业银行有效防范环境与社会风险，更好地服务实体经济起到了很好的指导和促进作用。

国家发展改革委和财政部等 9 部门于 2013 年 12 月 9 日联合发布《国家适应气候变化战略》。提出通过税收优惠政策，在加大财政支持适应能力建设、重大技术创新、鼓励各类市场主体参与适应气候变化行动的同时，推动气候金融市场建设，鼓励开发气候金融的相关服务产品，发挥金融市场在提供适应资金中的积极作用。如探索通过市场机构发行巨灾债券等创新性融资手段，支持农业、林业等领域开发保险（放心保）产品和开展相关保险业务，开展和促进"气象指数保险"产品的试点和推广工作。该战略还要求搭建国际适应资金承接平台，提高国际合作资金的使用与管理能力。①

国务院办公厅在 2013 年 7 月 1 日发布的《关于金融支持经济结构调整和转型升级的指导意见》认为金融运行总体稳健，但资金分布不合理的问题仍然存在，与经济结构调整和转型升级的要求不相适应。为更好地发挥金融对经济结构调整和转型升级的支持作用，更好地发挥市场配置资源的基础性作用，更好地发挥金融政策、财政政策和产业政策的协同作用，优化社会融资结构，对属于淘汰落后产能的企业，要通过保全资产和不良贷款转让、贷款损失核销等方式支持压产退市。严禁对产能严重过剩行业违规建设项目提供任何形式的新增授信和直接融资，防止盲目投资加剧产能过剩。

此外，环境保护部已于 2014 年启动 10 项改革任务，其中把环保投融资改革与环境污染第三方治理作为改革的重要内容。

第二节　地方政策规定

环境金融主要是环境信贷的地方政策规定主要有：

2008 年 8 月 15 日，为进一步加大北京市金融机构对实施《北京市节能减排综合性工作方案》的支持力度，中国人民银行营业管理部、北京市发展改革委、北京市环保局、银监会北京监管局 4 部门联合发布《关于加强绿色信贷建设支持首都节能减排工作的意见》。

---

① 《九部门推动气候金融市场建设》，《中国证券报》2013 年 12 月 10 日。

2008 年 8 月，山东省环保局与中国人民银行济南分行联合出台了《绿色信贷指导意见》，明确要求银行类金融机构信贷支持节能减排技术创新和节能环保技改，严格限制向环保信用差的企业放贷。

2008 年 9 月 1 日，辽宁省环保局、中国人民银行沈阳分行和辽宁银监局三部门联合出台了《辽宁省实施绿色信贷促污染减排的意见》，环保部门将根据省内企业污染排放情况，向银行递交绿色信贷信息，按照鼓励、预警和限制三个等级向银行提供放贷建议。

2009 年 1 月，就地方环境金融政策的制定与实施，国务院指导发布了《关于推进重庆市统筹城乡改革和发展的若干意见》，也明确提出了建立和完善绿色信贷、环境保险等环境金融政策，以及建立重污染企业的退出机制等，促进节约环保型的生产、流通和消费方式的形成。

2009 年 9 月 24 日，重庆市环保、金融部门制定三项措施，增强绿色信贷的政策操作性，三项措施分别为完善环保信息各项内容、建立信息交换工作机制和建立信息更新和异议处理机制。

2009 年 5 月，山东省泰安市环保局制定印发了《推进绿色信贷具体办法》，明确划分了 10 类环保违法信息和 4 类环保守法信息需纳入银行征信系统，以及上述信息的采集方式、采集程序、报送时限等内容。

2009 年 7 月 26 日，中国人民银行石家庄中心支行、河北省银监局、河北省环保厅联合召开新闻发布会，发布《河北省绿色信贷政策效果评价办法（试行）》，首次推出信贷调控扣分项，突出强调了绿色环保项目审批中的"一票否决"制，进一步强化银行业金融机构的社会责任，降低银行环保信用风险，不断推进该省节能减排工作。

2009 年 8 月初，江苏省环保厅、上海市环保局与浙江省环保厅联合下发《长江三角洲地区企业环境行为信息评价标准（暂行）》，组织开展企业环境行为信息评级，向社会公布绿色和黑色企业名单，并加强与金融主管部门的沟通合作，将有关信息及时提供给银行机构，纳入银行征信管理系统，作为审批信贷业务的重要依据。

2009 年 8 月 28 日，中共甘肃省委办公厅和甘肃省人民政府办公厅联合下发了《关于建立健全环境保护约束激励机制的意见》，包括建立经济社会发展与环保综合决策机制、环保优先经济发展机制、总量控制和污染减排机制、统筹推进农村环保长效机制等 9 个部分 26 个方面，以促进甘肃经济社会又好又快发展。

2009 年 10 月 10 日，安徽省环保局转发了《全面落实绿色信贷政策进一步完善信息共享工作的通知》。

2009 年 10 月，济南市环保局和中国人民银行济南分行营业管理部联合印发了《关于贯彻落实绿色信贷政策完善信息共享工作的通知》，以促进环保部门和银行系统之间绿色信贷政策信息共享。

2009 年 11 月 17 日，广东省环保厅发布《广东省环境保护厅重点污染源环境保护信用管理办法（征求意见）》，根据企业的环境行为，将企业评为环保诚信、环保警示、环保严管三个等级，依次以绿牌、黄牌、红牌标示，以此进一步发挥公众和社会监督作用，激励企业持续改善环境行为，加大违法排污企业融资难度。①

---

① 文同爱、倪宇霞：《绿色金融制度的兴起与我国的因应之策》，《公民与法》2010年第 1 期。

第三节　环境金融研讨

除以上政策性规范文件外，我国政府职能部门及行业协会、大型企业也开展了一系列的环境金融理论与制度实施的研讨活动。

2007年9月，国家环保总局政策法规司召开了"金融产业促进节能减排目标实现"研讨会，会上明确了我国必须逐步建立绿色金融体系以推动可持续发展经济模式的转型。

2009年9月8日，环保部政研中心与商道纵横公司联合在京召开了"中国钢铁行业绿色信贷政策咨询"项目启动会，2009—2011年，项目组织研究中国钢铁行业的能效投资潜力，在此基础上为银行业制定钢铁行业的绿色信贷指南。

2009年4月29日，长三角地区环境保护合作第一次联席会议在上海召开，江苏、浙江、上海三省（直辖市）环保部门参加会议，会议确定了加强区域大气污染控制、健全区域环境监管联动制度、完善区域绿色信贷政策、建立完善太湖流域综合治理信息通报和应急协商制度四项环保合作内容。

2009年11月13日，以"绿色经济与绿色责任"为主题的第二届中国绿色发展高层论坛在京举行，会议讨论了多重危机下如何响应"全球绿色新政及绿色经济计划"，发布了倡导资源节约、环境友好、生态和谐的《石景山宣言》和《第二届中国绿色发展高层论坛绿色宣言》。

2010年9月，第六届中国吉林东北亚投资贸易博览会长春国际金融高级别会议举行，会议的重要成果之一就是达成

了《绿色金融松苑共识》，这是我国环境金融进一步发展的
重要标志。此次会议的主题是发展绿色金融并研究探讨其在
经济结构调整和加快发展方式转变中的重要作用，发掘促进
发展方式转变的新动力。会议着重讨论了以下几个方面的问
题：一是要发挥金融市场资源配置的基础性作用和政府的宏
观调控作用，建立市场与政府共同参与的绿色发展新机制并
以此为推动力，使绿色农业、制造业和服务业的环境保护由
自发行为向自觉行为转变。二是要逐步完善环境金融中最具
活力的碳金融体系和交易技术，积极推进绿色金融模式和绿
色金融业态的形成和发展，重点推动绿色信贷、环境债权、
环境股票和环境保险等环境金融工具的创新。三是强调了国
际金融合作的重要性，要求积极发展多种形式的国际金融合
作，着力推进环境金融规则的制订、金融产品的创新、交易
标准和交易平台及机构的发展以及绿色认证和人才培养。在
广泛交流与协商的基础上推动并设立国际环境金融合作的相
关组织。四是构建正向的人才激励机制，包括创设全球环境
金融成长奖，奖励对全球金融可持续发展及环境治理作出重
大贡献的金融家、企业家和经济学家。

　　2014 年 11 月，环境保护部环境规划院、环境规划专业委
员会、环境经济学分会在湖南省长沙组织召开了第三届环境保
护投融资与产业发展会议。会议的主要目标是：以社会资本环
保投入机制与环境污染第三方治理为重点，总结交流环境保护
投融资与产业发展政策、机制、模式与实践，为环保投融资改
革与"十三五"环保产业发展提供借鉴和建议。重点围绕环
保投融资与产业发展战略、社会资本环保投入机制与环境污染
第三方治理、环境保护基金探索与实践、环境金融创新、环保

产业发展路径与实践、环保产业园区建设与环保服务模式六个专题展开研讨。[①]

第四节　政策实施

2007 年 7 月后绿色信贷作为经济手段全面进入中国污染减排领域；2008 年 9 月，继绿色信贷后针对企业融资的环境证券也在我国应运而生；2008 年年底，以无锡市为试点推出了中国的环境保险。这一系列政策的推出表明中国已开始认识到通过市场机制与金融工具构建中国环境治理战略的重要性。目前，国内碳金融领域领先的银行有光大银行和兴业银行等，知名企业参与碳金融的主要有五大电力企业、国内知名碳资产管理和碳交易机构如益可环境金融（中国）公司[②]以及中国水电建设集团新能源开发有限责任公司等。

---

① 环保投融资与产业发展研讨会是环境保护部环境规划院着力搭建的集国家与地方相结合，理论与实践相结合，研究与管理相结合，产业与投融资相结合，多层次、多维度、多领域的定期学术交流平台（每两年举办一次），研讨会分别于 2009 年、2012 年在北京举办了第一届和第二届会议，会议主题分别为绿色财税体制、多元化环保投融资体系与产业发展政策。

② Eco Securities Group（China）Co. Ltd 是英国上市公司——益可环境国际金融集团公司（Eco Securities Group PLC）在中国注册的全资子公司。公司核心业务为开展在《京都议定书》下的清洁发展机制（CDM）项目开发和温室气体减排量交易。作为业内首屈一指的碳减排贸易公司，Eco Securities 已参与过多个行业和领域内的温室气体减排项目，包括节能、可再生能源、农业、垃圾管理、可持续林业、化工等。公司被业界媒体《碳点》评选为"2006 最佳 CDM/JI 开发公司"，并且连续六年被《环境金融杂志》读者选为"最佳《京都议定书》项目开发商"和"最佳温室气体减排咨询公司"。

一　政策型环境资本

在我国，环境资产建设项目的重要资金来源首推债务资金市场，特别是自 1998 年中央实行积极财政政策后，其在环境资本项目的市场化筹资中占据重要比重。政策型资本作为资金来源可以满足国内中大型环境资本项目对资金的需求，这些资金形式主要包括国有银行信贷、政府债券和公共财政基金等。如1999 年，我国用于"三河三湖"水污染治理以及北京市环境整治的国债债务资金高达 109 亿元，用这些政策型资金共支持了117 个污水处理厂建设，使其日处理污水能力提高到 980 万吨，并完成了通往北京市的陕北天然气进京工程、城市水系综合整治和煤改气工程等基础环境资产项目。政策型环境资本是我国根据国情自己开辟的一项重要的环境资本融资机制，其中应用较多的金融工具是国债。通过国债融资加速环境资本项目的资金供给，可以起到快速补充环境资本的作用，而且由于国债这类政策性融资的强制配套资金机制，也进一步推动了污水处理收费政策落实，提高了公民的节水意识，同时又实现了环境资本运作所带来的盈利收益，可以说是我国首例成功的环境资本的金融化运作。[1]

---

[1]　许为义：《环境资本项目融资商业化资本化运作论》，博士学位论文，复旦大学，2004 年，第 78 页。

二 银行业的开拓与环境信贷的实践

（一）兴业银行

兴业银行是国内最早关注并以实际行动支持节能减排、倡导可持续金融的金融机构，同时也在国内率先提倡银行业"寓义于利"的社会责任观。[1] 2006 年以兴业银行为代表的中国首家商业银行正式推出环境金融投融资的信贷业务，同年 5 月由于良好的品牌和市场价值，兴业银行与国际金融公司（IFC）合作签署了《能源效率融资项目合作协议》，成为国内首家尝试开拓能源效率金融服务市场、推出"能效贷款"产品的商业银行。[2]

• 2006 年，推出"节能减排项目贷款"这一"绿色贷款"品种；

• 2007 年，国内率先提供碳金融综合服务；

• 2008 年，公开承诺采纳国际"赤道原则"，成为中国首家"赤道银行"；

• 2009 年，成立国内唯一一家可持续金融专营机构；

• 2010 年，陆续推出碳资产质押授信、排污权抵押授信、国内首发低碳信用卡等创新金融产品；至 2011 年 9 月，已累计提供绿色融资超过 900 亿元；

• 2012 年，成立了可持续金融部；

---

① 兴业提倡将社会责任与银行自身业务相结合，落实到银行经营管理的具体环节，探求银行与社会共赢的商业模式和社会责任实践模式。过去银行业的风险管理主要考虑市场、利率、汇率等因素，现在又多了一个环境因素。如今，环境问题很突出，环境管理的好坏，也将直接影响到银行的资产质量。

② 李平：《兴业银行：以能效贷款推动绿色金融》，《21 世纪商业评价》2008 年第 2 期。

● 2013 年，提供 100 亿元的环境信贷；

● 2014 年，提供 150 亿元的环境信贷。

兴业银行与地方政府、产业、企业的环境金融合作也较多：

● 2011 年，兴业银行上海分行先后向沃尔沃"汽车清洁能源生产"、上海水务"城镇生活污水处理"、欣狮铝业"节能型通用设备制造"等项目，提供了累计近 30 亿元贷款和全方位的金融服务；

● 2013 年，兴业银行助力宁波环保，提供 50 亿元的绿色融资；

● 兴业银行"十二五"向广东提供 200 亿元的环保产业融资；

● 兴业银行 300 亿元融资力挺四川减排，助建西南排放权交易市场；

● 兴业银行为国内水资源保护和利用融资超 550 亿元。①

（二）环境信贷的特点

环境信贷是多元化多层次的环境治理体系中的一个组成部分，同时也是包含环境投融资、环境资产证券化、环境基金等在内的环境金融的最初级表现形态，属于环境金融的初级产品。它具有以下特点：

1. 环境信贷运作模式上的生态性

安全性、流动性和收益性是信贷具有的三项基本特征。所谓安全性是指银行应尽量避免信贷资金在经营信贷业务的过程

---

① 以上数据资料参考"兴业银行可持续金融"，http://www.cib.com.cn/cn/Sustainable_ Finance/。

中遭受风险和损失；流动性是指商业银行在经营信贷业务时能在预定期限收回贷款或在不发生损失的情况下将信贷迅速转化为现金；收益性是银行通过资金的合理运用，使得信贷资金的使用效益得到提高，利润获得最大化，并最终实现银行自身经济效益与社会效益的和谐统一。

除上述信贷的一般特征之外，环境信贷的特殊性体现在其运作模式上要遵循生态规律，具有生态性。环境信贷要求要充分考虑借贷人是否会遵循生态与环境保护的基本规律，以保障信贷的资金流向是"以自然和生态规律为基础"，来引导社会形成与可持续发展和循环经济发展模式相适应的理念。故环境信贷审查本质上是遵照循环经济的目标发展生态经济，遵循生态规律是发展循环经济的本质要求，遵循生态规律自然也成为环境信贷在实际运作过程中的一项原则。发展经济的同时要考虑发展方式是否可循环和能否达到生态与环保的标准，通过环境信贷审查法，逐步引导社会形成与可持续发展、循环经济发展模式相适应的理念。

2. 风险管理上的预防性与战略性

随着人类与环境的互动和对环境保护认知程度的逐步提高，世界各国越来越重视从源头上预防污染物的产生，变被动为主动。银行在进行环境信贷审查过程中，可以通过提高环保节能市场准入门槛，严把信贷审查关，对违反环境保护政策与法律，可能对人类自然环境和社会环境造成重大不利影响的项目，不给予贷款。这体现了环境信贷预防优先的特征，主要表现为对具体行为的环境预防和对政策制定的引导。

金融手段本身具有较强的预测性，一般来说企业的信贷申请在前，污染行为在后，环境信贷的优势在于可以于信贷投资前进行环境可行性评估，充分运用金融对资本的调控力度，对那些有可能造成污染的企业或项目不给予贷款，使其难以投入生产，在一定程度上减轻甚至避免了可能造成的环境污染。这种预防性不仅可以作用于具体的金融项目或行为，还可以在政策制定领域发挥一定的作用，引导相应的政策与立法要求。比如：企业的投资行为应当纳入国家投资指导名录，并且符合环保等市场准入条件；生产设备与技术应符合国家规定，要进行严格的项目环评。在国际贸易中，进口的产品要符合循环利用的标准等。

环境信贷实质上是通过信贷这种金融机制引导资金流向，有利于转变经济和能源结构，使环境经济政策目标在整个环境治理体系中向以预防为主的较高阶段扩展，同时环境信贷基于金融本身的高风险和国家金融安全，因此又具有一定的战略性。

金融本身就是高风险的行业，这种高度货币化的信用体系决定了它的不确定性和投机因素的存在，对单个投资者而言，收益成倍放大的同时，风险与损失也可能成倍放大，特别是在全球经济一体化、金融资本国际化的大趋势下，它不仅关系到单个投资者的利益，还关系到一国甚至全球经济的稳定。金融安全是经济安全和社会可持续发展的重要保障，每个国家都面临着金融风险，对发展中国家而言尤其要引起高度重视和警惕。金融交易后果取决于交易者对多种因素的预测和判断，在市场与法制配套还不完善的情况下，环境信贷同样也面临着周期较长、政策风险较大以及企业资信不足等问题，银行等信贷机构应当注意加强对投融资的流程、审核和风险管理力度。

3. 操作方法上的信息化与科技化

科技与信息是现代经济发展的强劲动力，也是环境信贷有

效实施的载体。银行类金融机构严格实施环境信贷以鼓励企业
开发新工艺、新技术，引导信贷资金投入环保科技。与此同时，
有关职能部门应当建立多种渠道，向社会、公众、金融机构等
公开信贷对象的生产、经营项目中涉及环境要素的各种公共信
息，实现环境信贷的公共知情权，保障金融机构在信贷审查时
信息对称。运行规范的环境信贷要具备可操作的科技支撑和信
息发布体系。①

从政策与立法上鼓励科技创新，支持发明生产清洁设备、
循环利用产品的科研机构、企业，鼓励研发新技术、新能源，
倡导绿色消费，积极鼓励、研发、推广清洁生产技术和工艺，
积极制定技术推广政策，提高对环境保护领域如发展清洁生产
技术、环保监测技术、能源再生、资源替代、综合生态管理等
科技研究的制度与经费支持。通过上述技术支撑，使过去的
"三高"产业、企业成功转型为符合环境信贷的授信主体，不仅
增加了环境信贷的市场主体，也减少了污染企业的数量。

4. 利益尺度上的约束性与激励性

支持节能环保有税收优惠、利率优惠、财政补贴等多种激
励措施。对商业银行而言，对节能环保项目实行优惠利率会导
致一定的利差损失。现实中，目前多数商业银行都提出了"环
境信贷"的"环保一票否决制"②，但是商业银行作为追求盈利
的企业，追求利润最大化也是自不待言的。

---

① 杨秀玫：《绿色信贷的法律制度研究》，硕士学位论文，西南财经大学，2011 年，
第 37 页。

② 工商银行的一些分行已开始按照贷款企业或项目对环境的影响程度大小，将法人
客户全部贷款分为友好、合格、观察与整改 4 个层级，共计 12 个类别，只有分类为合格及
以上的贷款才能被称为"环境信贷"。

信贷回报率不可避免地会成为商业银行在其经营管理中必需的重要考核依据，因此，要让"环境信贷"的资金真正有益于环保，除了较之以往有所加强的银行社会责任的承担之外，还必须有推进其严格执行环境绿色信贷的激励机制，以形成金融机构执行"环境信贷"的长期动力。就信贷回报率而言，缺失绿色发展与可持续模式的经济增长造成了污染行业回报率高、结构性投资增长快的现状。银行信贷则主要投向了非绿色环保企业，因为往往非绿色行业回报率高而绿色行业回报率低。故环境金融的理想发展状态必然要以整个经济的相对绿化为前提，当低碳经济、循环经济与绿色发展模式成为常态，环境金融的运行空间才会拉动资金投入绿色环保企业使回报率升高。因此，如果想从根本上引导银行信贷投向绿色行业，除了有效监管以外，还要推行绿色行业和环境信贷的补贴政策[①]，利益激励的不仅是环保技术企业，还包括了银行在内的金融中介组织，以补偿和支持商业银行发放环境信贷的利差损失。[②]

5. 法律责任的连带性

环境信贷是一项运用金融工具参与环境治理的系统工程，环境信贷要求明确相关信贷法律关系主体的法律责任。

（1）借贷人的法律责任

借贷人不按照法律法规规定依法进行环境信息披露，就要承担相应的法律责任："如果企业没有按照环境主管部门的规定对其相关环境信息进行披露，没有按照环境信贷法律的强制性规定对新建项目的环境信息如实披露，则按照法律规定，企业

---

① 王衍行、李富强、甘煜：《绿色行市场投资视角下绿色信贷对社会资产增长和环境保护作用的研究》，《金融监管研究》2013 年第 9 期。

② 晋自力：《绿色信贷的国际比较与借鉴》，《生产力研究》2013 年第 3 期。

的负责人和相关经办人员应承担一定的法律责任，如果造成的后果严重，还应依法追究刑事责任。"①

（2）银行承担的连带责任

如果银行违反环境信贷法规，不按法律制度规定发放贷款、放贷时不预先对企业贷款项目进行环境风险评估，则按法律规定要追究相关银行类金融机构的贷款审查、贷款管理人员的法律责任；如果银行不按照环境信贷法律规定来审查贷款项目，造成环境污染事故的，银行还应承担连带民事赔偿责任；金融部门管理人员在履行环境信贷审查职能时，如未严格按照信贷监管法律制度的相关规定，造成失职或越权，应承担行政责任和民事赔偿责任。②

（三）国内各大银行的环境信贷实践

1. 国家开发银行

以国家开发银行为代表的政策性银行③，先后印发了《节能减排专项贷款业务指导意见》《污染减排贷款工作方案》《关于落实节能减排目标项目贷款评审的指导意见》等信贷审查政策，以此响应国家的节能减排和绿色信贷授信，严格控制"两高"行业贷款，建立节能减排专项贷款以支持绿色项目的建设。

除积极制定指导政策外，国家开发银行在信贷业务运行中也要求各级分行充分、积极地执行上述政策。④　此外，国家开发

---

① 杨秀玫：《绿色信贷的法律制度研究》，硕士论文，西南财经大学，2011年，第40页。

② 同上。

③ 政策性银行与商业银行相区别，系指那些多由政府创立、参股或保证的，不以营利为目的，专门为贯彻、配合政府社会经济政策或意图，在特定的业务领域内，直接或间接地从事政策性融资活动，充当政府发展经济、促进社会进步、进行宏观经济管理工具的金融机构。

④ 2008—2009年，国家开发银行支持南方水泥技术改造的绿色贷款达7.5亿元。2010年国开行再次制订达1400亿元的环保及节能减排贷款方案。

银行还积极与环境保护部合作开展环境信贷工作，2009 年 2 月国家开发银行与环境保护部签订了《绿色贷款开发性金融合作协议》，作为政策性银行的代表，开始积极投放环境贷款。

2. 中国建设银行

中国建设银行在 1986 年制定的《中国建设银行工业项目评估试行办法》就规定了对工业项目贷款前要进行环境保护方案研究，这是最早以银行业内部规定的方式把环保标准引入银行类金融机构的信贷审查中的实践。2006 年，建设银行开始执行"环保一票否决"制，同时制定了《大中型客户授信审批五项基本原则》，把环保达标作为对大中型客户授信准入和审批的重要依据，准予贷款的项目必须是符合节能环保要求的项目。从 2008 年开始，中国建设银行出台新的信贷政策，对贷款结构进行调整，对未达到 2007 年 7 月 3 日国家环保总局发布的整改要求的挂牌督办企业实施信贷退出政策，全面退出对电石、铁合金行业的信贷支持，对潜在的产能过剩行业从严审查贷款。

与国际环境信贷接轨，中国建设银行还组建了"赤道原则研究团队"，并积极与国际金融公司、花旗银行等国际大型金融机构进行沟通和交流，按照国际环境信贷标准掌控国内信贷资产力度。

3. 中国工商银行

自 2007 年 7 月《关于落实环境保护政策法规防范信贷风险的意见》发布后，中国工商银行积极响应国家政策，于 2007 年 9 月制定发布了《关于推进绿色信贷建设的意见》，积极建立企业环保名单，建立环保依法合规工作责任制和问责制，对贷款企业和项目实行"环保一票否决"制，对贷款项目和企业采取差别化授信及信贷审查制度，把中国工商银行建设成绿色信贷模范银行。具体包括以下几个方面：申请批准前，审批部门必须先审查所有贷款申请人的环保状况，若申请人有环保违法行为或被环保部门处罚的先例，一经发现，贷款申请一律不予批准，并及时停止已发放的贷款；一切项目必须首先获得并出具环保部门作出的环境影响评价报告，在符合国家产业相关规定和环境准入标准、符合区域整体规划和排污指标要求的前提下，才作出准予贷款的决定，对未经环评审批或环评未通过的项目一律不发放贷款；银行要主动及时准确地了解企业环保信息，并将其纳入信贷审查过程中去，加强信贷管理，对有环保违法行为的企业不增加贷款额度，降低其银行信用等级，甚至根据实际情况的严重性，减少信贷金额。[①]

（1）贷后动态跟踪监测机制

针对企业在日常经营中的环保状况处于动态变化这一实际情况，中国工商银行建立了贷后动态跟踪监测机制，在贷后管理工作中注重环境风险管理，注重环保信息的收集、分析、核实、预警，在企业环保治理的跟踪监督以及环保成果的整顿验收等各个环节，建立相应的持续跟踪监测机制全过程评价和风险监控体系。

（2）差别化的授信管理

中国工商银行参照环境保护部有关标准细化调整了企业环保风险分类标准，对客户环保风险类别进行划分，根据不同的类别采取差别化的授信及信贷管理要求。同时在企业环保风险分类的基础上，在业务操作系统中启用了绿色信贷项目标识，通过制订绿色信贷项目分类标准，对贷款项目进行分类，以确保信贷资源的绿色投向。[②]

4. 其他

环境金融中关于环境信贷款项的审查发放逐渐成为银行类金融机构的共识，国内其他股份制商业银行和地区性商业银行

---

① 夏嘉鋆：《绿色信贷法律问题研究》，硕士学位论文，华东政法大学，2010 年，第31—32 页。

② 冯丽欣：《绿色信贷在中国——论我国绿色信贷法律制度构建》，硕士学位论文，复旦大学，2011 年，第27—34 页。

在环境信贷上也开始有所行动并大力发展。

例如，中国银行通过建立动态跟踪机制，对行业、企业、项目贷款实行名单管理制度，在授信审批过程中实行"环保一票否决"制，注重环境信贷审查审批制度，把贷款企业和项目的环境保护评估落实到信贷过程的各个环节当中。重点支持环保项目，鼓励支持企业进行技术改造，同时还积极制定多项信贷指导政策，如2010年5月颁布实施《支持节能减排信贷指引》进行信贷结构优化调整，支持国家产业政策和经济转型。

浦发银行在企业社会责任报告中已经承诺努力承担促进环保，建设节约型社会的责任；北京银行2007年6月与IFC签署了中国节能减排融资项目合作协议，截至2012年年底，北京银行绿色信贷共审批通过近180亿元，支持了一批节能服务企业。

招商银行在2007年10月也正式宣布加入联合国环境规划署金融行动组织，加入该组织学习国外银行及其他金融机构先进的金融理念和管理经验，通过熟悉了解国际惯例，积极地开展节能环保项目。

华夏银行按照国家标准限制介入"两高"和产能过剩行业，对未通过环评或环保设施验收的新建项目，不予以授信支持；中国民生银行对节能减排技术创新、技术改造、污水处理、清洁能源和产品推广等方面的项目，有选择重点给予信贷支持。①

---

① 上述商业银行环境信贷数据来源于由中国银行业监督管理委员会、世界自然基金会（WWF）和普华永道共同完成的《中国银行业金融机构可持续绩效表现国际比较研究报告》。该《报告》全面梳理和总结了国内外信贷业务中环境和社会风险管理的良好实践和典型案例，并将以此推动中国银行业深入贯彻和有效实施绿色信贷政策。报告对12家中国银行机构和9家采纳"赤道原则"的国际金融机构的可持续绩效表现进行了比较研究。《报告》发现，中国银行业金融机构对环境与社会风险管理的重要性达成了共识。通过推行环境信贷，不仅可以支持中国的经济转型和产业升级，而且还可以降低银行的信贷风险，提升其社会形象和声誉，并形成新的业务增长点。在调研中，有2/3的受访银行提供了因环境和社会风险而否决或终止授信请求的案例。与此同时，多数受访银行表示积极支持生态保护项目。

（四）环境金融服务咨询机构的成立

作为国内环境金融主要参与者的商业银行，对于如何实施环境金融尚缺乏足够的经验，在产品开发上，联合国环境规划署金融行动组织及包括世界银行在内的其他国际机构对于探索能效金融项目、减排交易等金融衍生产品的开发与创新则具有丰富的实践操作经验。我国商业银行要进一步实施与发展环境金融项目，目前除了缺乏强有力的政策支持和完善的立法促进外，环境金融理论与实践经验的积累也显得非常不足，因此环境金融服务咨询机构必不可少。

中国环境与发展国际合作委员会（CCICED）成立于1992年，该委员会一直致力于探讨我国的环保投融资机制问题。作为非营利的国际性高级咨询机构，CCICED负责向中国政府领导层与各级决策者提供前瞻性、战略性、预警性的政策建议以及在全球化、信息化和科技创新背景下的环境与发展领域的国际经验，提出了应当从间接融资、直接融资和金融系统三方面构建环境金融体系。[①]

2011年1月28日北京绿色金融协会成立，这是我国第一家致力于绿色金融、碳排放交易市场发展的同业协会组织，同时也是从事环境金融研究的重要组织之一。该协会的发起会员单位涵盖了目前从事低碳经济和环境金融的各行各业，由包括北京环境交易所在内的30多家知名的金融机构、碳交易相关方、绿色投资企业共同发起成立，该协会是面向全国并与国际接轨的低碳经济与绿色金融非营利性同业协会组织，是中国第一家

---

① http://www.china.com.cn/tech/zhuanti/wyh/node_7039793.htm.

聚焦绿色金融、着力推动碳市场发展并致力于促进绿色金融研究的民间团体①，并且参与了北京市的环境金融体系建设和国际碳交易中心的机制与规则的设计制定。

在全球经济发展模式转型的大背景之下，中国的可持续金融发展很迅猛，在环境保护与金融可持续发展上取得了一定的成效，这也是我国对国际环境金融制度发展作出的积极响应。

（五）环境产权交易所与碳交易试点

环境产权交易所是环境产品市场化的重要平台，也是我国从碳交易进一步发展为碳金融的必要机构。我国碳交易所有北京环境交易所、上海环境能源交易所、天津排放权交易所等多个环境产权交易所，国内都把碳交易作为中国证券市场的延伸，把参与构建全球碳市场视为中国参与国际金融市场体系的重要突破口。2008 年 8 月，中国第一批环境权益交易机构——北京环境交易所和上海环境能源交易所分别在北京、上海两地同日挂牌成立。这些碳交易所都把碳排放的配额在交易平台上进行公开出售作为其发展的重要组成部分。北京市是中国首家环境交易所诞生地，也是中国首单自愿碳交易达成地，同时还推行了中国第一个自愿碳交易标准——"熊猫标准"。

2013 年，北京正式启动了碳排放交易。根据 2012 年《北京市碳排放权交易试点实施方案（2012—2015）》的相关规划，"北京市的能源结构调整中煤炭的占比将从 2009 年的 31.3% 下降到 2015 年的 16.8%，天然气等清洁能源则从 12.9% 提高到 24.4%，单位地区生产总值二氧化碳排放下降 18%"。按照这一

---

① 中国新闻网，http://www.chinanews.com/fortune/2011/01-30/2822652.shtml。

目标要求，北京市碳排放权交易试点主要立足于二氧化碳直接排放权和间接排放权交易的总量控制及综合交易制度的试行，将北京市行政辖区内年均直接或间接二氧化碳排放总量 1 万吨及以上的固定设施排放企业（或单位）纳入试点，对这些企业（或单位）实行重点排放者二氧化碳排放权配额制度，作为交易主体。

交易产品则是以上述交易主体的直接二氧化碳排放权、间接二氧化碳排放权、自愿减排交易活动产生的中国核证减排量（CCER），除按照规定纳入试点的企业外，也同时鼓励其他非强制市场参与者进入试点范围内的温室气体减排项目交易中。

在交易方式上，也开始呈现出市场化方式交易的趋势，力图进一步完善市场管理机制并建立市场监管的服务组织。

在交易机构的设置上，2008 年 8 月 5 日成立的北京环境交易所是经北京市人民政府批准设立的注册资本为 1 亿元人民币的中国首家区域环境交易所，成立之初为北京产权交易所全额独资，后优化为公司的法人治理结构，北京环境交易所启动了增资扩股，由北京产权交易所代表北京市政府出资持股 40%，中海油新能源投资有限责任公司、中国国电集团公司、中国光大投资管理公司各占 20% 股份。北京环境交易所下设碳交易中心、排放权交易中心、节能量交易中心、低碳转型服务中心，对 CDM 项目挂牌免收费用以激励 CDM 进场交易。

2009 年 6 月，北京环境交易所与全球最大碳交易所——Blue Next 交易所共同签署了双方的战略合作协议，在北京环境交易所挂牌的 CDM 项目将同时在 Blue Next 的渠道上发布，这是中国的碳交易卖家第一次面向全球市场直接公开交易。

2011 年 10 月底，国家发展改革委下发《关于开展碳排放权交易试点工作的通知》，批准北京、上海、天津、重庆、广东、湖北、深圳七省市为中国首批碳排放权交易试点地区。以湖北碳交易试点为例，自 2011 年 11 月试点以来，湖北省先后出台了《碳排放权交易试点工作实施方案》等 20 多项相关制度，将 130 多家高耗能企业纳入首批试点，完成包括系统设置、软硬件开发在内的所有基础准备工作。2014 年 4 月 2 日，湖北碳交易市场正式启动。[①]

　　虽然自 2008 年以来，我国的环境交易所以北京、上海、天津为代表并逐步向全国各试点地区扩散，但是碳金融业务并没有真正开展起来。眼下的当务之急是把开展碳排放权交易作为中国构建环境证券市场不可或缺的组成部分，从理论与规范层面对其进行认真思考与深入研究。[②]

第五节　问题与不足

　　我国的环境保护事业已开展了数十年，政府对环境公共品的投融资机制随着环境金融在全球的兴起已经发生了巨大变化。我国开始逐步建立了环境治理领域的市场机制多元化投资模式，但由于我国政府及环境行政管理部门还没有完成从行政直线管理到多元市场主体参与的环境治理的转变，环境金融在我国才

---

① CDM 项目开发截至 2014 年 3 月底，获国家发改委批准的 CDM 项目达到 135 个，估计二氧化碳年减排量 1465.6 万吨，在联合国成功注册的项目共有 96 个。参见易金平、江春、彭祎《绿色金融发展现状与优化路径——以湖北省为例》，《华中农业大学学报》（社会科学版）2014 年第 4 期。

② 关于此部分的论述详见本书第六章第六节"中国碳金融——问题与方向"。

处于萌发阶段，不论对于低碳经济与金融可持续发展，还是对于环境金融参与环境治理而言，制度体系依赖与行政本位路径依赖直接导致了在我国目前的环境资本形成机制中，政府投融资机制仍然占主导，这种现象与前述立法中的中央政策和部门规章要求公开、公平地放开环境产业市场的相关规定并不一致。虽然我国的一些大型能源企业、金融机构已经涉足环境金融领域，环境金融的国外模式与理念在我国也已经在一定范围内得到传播，但是与之相关的制度建设却极为滞后，目前环境金融在我国并未取得经济发展与环境治理领域应有的巨大功效，存在的不足较为明显。

一 环境金融立法缺失

通过上述政策分析，明显可见在我国并没有制定专门的环境金融法律，环境金融的相关制度极为分散地分布于国家的相关金融、环境政策以及环境立法和金融立法中，没有专门的环境金融法律或者规章，这样的状况导致环境金融制度在我国的实施过程中缺少了合法性与法律保障。并且，这些分散的政策与规定大多只是综合性、原则性的倡议，缺少具体的环境金融运行制度与规则，环境金融的风险管理与监管措施也缺少具有执行力的实施细则和标准，从而降低了现存仅有的这方面立法的可操作性。

二 环境资本市场化程度不高

自 1978 年改革开放以来，尽管我国的环境公共品供给机制已逐步走向市场化，从以往的政府单一供给制度演变为当前的政府投资资本占70%的局面，但这种比例的分布与环境市场化的水平显然差距较大。环境金融市场机制的缺乏，使得环境产品的价值不能在经济增长与环境治理的成本中得到充分的体现，这是造成当前环境恶化和资源使用低效的重要原因。环境资源的产权属性不确定，环境金融合法性在法律上模糊，中央和地方政府之间在环境资源开发利用与污染防治上的利益冲突等，直接制约了以环境治理为目标的环境信贷在我国的快速发展。

政府垄断型的环境管理对市场机制与金融自由竞争的形成干预较大，政府仍然是我国环境资本特别是区域性环境资本的绝对供给者，缺乏资本经营机制，这种融资制约使得政府在环境治理上的资金运作市场化程度极低。尽管我国也出现了一些政府环境投资资金运作形式的变化，即由原来的政府部门机构兼管，发展到成立相对独立的投资公司负责管理运作，但这只是机构形式上的改变，这种相对独立的投资公司仍然是事业制的非市场运营公司，完全没有自负盈亏、独立经营的公司治理机制，甚至可以把它们看作政府的又一个职能部门。

因此，政府的环境资本运作根本不存在环境金融市场所要求的环境价值效益核算机制，无法发挥环境金融在融资上的快捷高效与风险转移的市场化功能。加快环境资本的市场化，提高其经营效率是建立环境金融市场一项重要的前提。

（一）金融机构参与程度不高

目前，世界各国的金融机制各有不同，发达国家大多采用的是金融混业经营模式，而在金融管制相对严格与封闭的国家，金融业的分业经营是制约环境金融发展的重要因素。部分国家对环境金融业务缺乏充分的认识与了解，这主要是由于环境金融在这些国家与地区的发展时间相对有限，其交易原理、交易模式、交易市场并不被人广泛知悉与理解，其中蕴含的商业机会与环境功能还未被发掘。另外，环境金融的高风险性也使得金融业不够发达的国家与地区不敢轻易尝试。

以我国为例来分析。首先，目前影响我国金融机构参与环境金融的主要风险因素是政策风险，京都时代达成的阶段性约定在后京都时代全球气候机制的走向并不明朗，中国对减排义务的承担以及制度如何安排等都会直接影响金融机构的行动。

其次是金融业分业经营的局限。金融是现代经济的核心，在我国发展低碳经济过程中的地位和作用也是举足轻重的。尽管我国环境治理中的直接融资渠道已经得到了快速发展和政府财政的有力保障，但是以金融机构和企业为代表的市场融资则发展得异常缓慢。这也直接造成了我国金融机构在环境领域参与度不高，金融业分业经营而无法形成合力。我国的金融业务范围狭窄以及金融创新相对较少，与之相照比的是西方国家金融业的混业经营有着广泛的业务以及金融创新的优势。

（二）环境信贷局限性有待突破

目前我国金融业虽然涉及绿色金融发展，但这种所谓的绿色金融完全不能涵盖环境金融的制度及价值。即使是在绿色金融领域，我国的发展力度与全面性也非常不够，只限于绿色信贷，在我国也设有成立专门的绿色金融发展银行如环保银行等。现实中，企业在一些大的环境项目中很难快速从银行得到贷款。

由于一些地方环保部门不能及时有效地公布企业环境违法信息，导致银行不能准确评估企业贷款申请信息，从而影响了绿色信贷的执行效果，相当多的中小型污染企业采取民间融资或自筹资金的方式，基本不向金融机构申请绿色贷款。

由于支持低碳经济的信贷在现实中很难盈利，导致部分商业银行对"环境信贷"持观望态度，这也是我国银行业受到国际批评的原因之一。这种成本与收益的不确定性使得仅从金融机构及市场自身来推进环境金融的动力缺乏。

三　缺乏有效的激励机制

作为对市场激励的有效补充，政策激励的必要性表现为：一方面是国家政策对环境金融与环境治理相互关系的承认，由政府行为首先作出引导的姿态，给市民社会以信心来支持环境金融的发展；另一方面从金融机构经营主体的角度来看，由于不完全信息、投资者偏好或外部性的内部化导致不同类型金融工具需求存在差异，仅仅只由金融机构或其他投资主体来承担环境社会责任与金融风险，其作用是有局限性的。

四　尚无商业化的环境金融体系

环境投资的政府资本未能真正市场化，其经营效率极低，环境金融作为国家低碳经济可持续发展与环境治理转型服务的保障手段，作为环境经济政策重要组成部分和实施手段的环境金融市场向商业化发展与创新，构建完善的以政府为主导的商业化环境金融体系，是中国环境金融迫切需要完成的目标。

目前我国政府对环境资产的投资基本上是行政拨款与行政化经营，环保、森林、水利、国土、建设等部门各自为政，使得政府环境投资资金严重分割。这种资金分割导致了投资实力的分散，致使许多环境项目无法形成综合投资收益，特别是在区域性环境资产投资项目上，无法形成区域环境资产全要素的整体投资，其结果是环境资产投资的正外部性收益无法最大限度地内部化，使得市场资本失去了对环境项目的关注，这正是目前我国市场资本不愿意进入环境治理领域，政府的环保财政负担过重的关键原因。根据目前我国的发展现状及国情，构建一个完善的以政府为主导的商业化环境金融体系，应当包括这几类主体的参与：环境投资银行（环保银行）、环境基金、环境投资公司（主要以大型金融机构为主）和环境经纪公司（中介）。

因此，在我国构建商业化环境金融体系是有利于降低政府环境治理的资金成本与管理成本的，形成产权代理明晰的环境金融激励机制，实现政策性资金的资本化经营，才有可能形成强大的资金实力来进行与国际环境金融市场媲及的大规模项目投资，最终提高环境金融项目投资的吸引力、使环境要素的资产化运作为环境治理发挥作用。

第七章

环境金融制度性设计的
困境与导向

　　作为参与环境治理、促进可持续发展的重要手段，环境金融在全球的发展面临着一定的制度性困境。这些困境主要源于法律基础不完善、监管缺位、法律风险、法律的全球化与金融主权和监管本国化的不同步等。法律制度的确立及其导向对环境金融的发展发挥着关键作用，特别是在发展中国家普遍存在着"环保成本高、违法成本小"的现状，这使得很多企业不愿对环保进行投入，何谈参与环境金融。在社会责任投资、环保基金日趋全球化的背景下，金融监管仍然保持国家法律产品的形态，适用于环境金融的国际法律规则也集中于责任投资原则、赤道原则等自愿性规则及机制，具有强制力的正式国际法的缺席和不完善使得环境金融执行性大打折扣。

环境金融能否得到有效实施并发挥其功能主要受到以下几个因素的影响制约：行为主体是否具备一定的理性，即机会主义与道德风险发生的可控性；交易的产权性即确定性与资产性；所选择的治理结构以及制度环境（主要是环境金融立法的完善与否）。作为环境治理工具的环境金融在全球的发展面临着一些困难，环境金融发展困局主要是两个层面的。

第一，环境金融本身的发展风险。环境金融作为一类重要而稀缺的金融资产与金融资源，是金融体系的重要组成部分，是环境危机与环境全球治理时代的大国竞争，是世界各国经济发展与环境利益争夺的新领域，其背后是各大利益集团的博弈。因此，环境金融以低碳和减排为依托，其实质并不排除以"环境金融"为名，背后隐藏的全球经济利益的战略争夺。① 碳价格的波动与其他任何一种价格风险以及基于各种不确定性所带来的风险，需要以金融市场为载体来规避，把风险转嫁给有风险吸纳能力的交易者，才能保证环保投资的稳定性、收益性。同时，被转移的风险对于风险承接人而言也是一种巨大的风险，具体表现为环境金融的商业风险、实体风险和监管风险。

第二，环境金融的发展制约还来自外部，主要表现为法律属性的不确定、国际法律适用的冲突以及市场基础设施不健全、市场激励不足、政府及行为监管不当等。环境公共物品所具有的不可分割性、流动性、全球性，结合金融利益私权性、国家性的矛盾，加之国际法与国内法的法律冲突等多种原因，环境金融的全球发展虽然已经通过部分国家的政策激励、金融监管、金融基础设施建设等工具加以协调，但要想突破现有制约仍需

---

① 乔海曙、刘小丽：《碳排放权的金融属性》，《理论探索》2011 年第 3 期。

经历相对复杂的过程。

第一节　法律属性的不确定

环境金融诸多不确定性中，除却政治事件、气候变化的科学论证不足、国际能源价格与市场波动等外部因素外，来源于环境金融本身的法律属性不确定则表现为环境金融的公共物品属性与私人财产权属性的重叠、环境金融产品本身与金融服务不可分割，环境金融这类客体很难从目前的法律体系中对其进行分类，它和股指期货一样都是新兴事物，有着极为特殊的法律属性。这类特殊标的物的法律属性究竟该如何界定，或者说这种复杂的新兴事物各种属性之间的交织与重叠如何在法律上得以平衡，以不至于影响对其运行和功能的发挥，在立法或是司法解释上应当有所交代。

一　公共性与私权性的重叠

公共物品的概念最早起源于经济学的公共物品配置理论，依据该理论对人类社会生存与发展所需要的全部物品的划分，可以概括为三类：公共物品、混合物品与私人物品。从经济学理论对其的定义来看，公共物品被描述为在增加一个人对其消费时并不会导致其成本的增长，但是若要排除其他任何人对其的消费却要花费很高昂的成本，萨缪尔森将纯粹的公共物品理解为每个人对这种物品的消费不会导致别人对该物品的消费的减少的物品。

在上述定义的基础上可以再将公共物品类型化，所谓公共物品是指"为社会所有公众共享的产品、服务或资源"，具体来说主要包括国防、治安、公共基础设施、重大科研成果、公共卫生保健、环境基础保护、基础义务教育、法律制度、社会保障和公共福利制度及相关使用权等不可完全分割的物品与服务。这种公共性显然也广泛地存在于环境保护领域，这是由环境作为公共物品的基本特征决定的，公共物品的两个基本特征是：消费的非排他性和供求的非竞争性。公共物品具有消费兼容性或效用共享性，非排他性特征决定了要排斥他人的消费的成本过高几乎不可行。因而，一方面，环境及环境要素的公共性不言而喻，从此角度来看，环境产品的公共性是与生俱来的。另一方面，基于消费的非竞争性，市场机制在优化配置资源时会表现出"市场失灵"，公共物品供给出现非竞争性，这决定了私人和其他自治主体不愿意提供公共物品，而必须由政府垄断供给。西方经济学公共物品配置理论认为，在市场经济背景条件下，当市场机制不能对优化资源配置起基础性作用或基础性作用效率低时，市场对这类公共资源的配置所产生效率损失，就必须由政府来供给。基于环境产品公共性的分析，通过金融化手段创造的环境金融在经济学理论上也带有一定的公共性。但这种公共性的存在并不必然直接促使环境金融的产生与发展。

环境资源以及气候变化问题都具有典型的公共物品特征，这已被环境利益的公共性和环境问题的公害特征充分证明，但环境公共物品的生产和配置又与一般意义上的能为社会公众共有的公共物品、公众共用物等有所区别。一般意义的公共品（指绝对的公共品）通常由一个明确的权威机构生产或提供，如法律、国防等公共品一般由政府等国家机器提供。① 环境资源产品则不同，与公共品属性相对应的是环境金融产品的产权性也称私有性，私人物品相对于公共物品而言有两个显著特点，即消费排他性与供给排他性。这两项特征决定了私有物品的使用权是不可分割的，能够完全被独占私有，从而避免了"搭便车"现象。此外，介于二者之间的是混合物品。在"公共物品"与"私人物品"之间存在大量混合物品。现实生活中，公共物品与私人物品的边界本就具有模糊性，而理论上界定的"公共物品"还同时受到时间与空间的限制，比如一些常见的公共产品可能随着技术进步、制度变革开始走向个性化与私有化，从而具有混合物品的特征。尽管这些混合物品也具有外在的公益性，一方面能够被使用者加以分割并单独享受效用，另一面也能够实行排他供应拒绝不付价款者使用，即它们可以被有限地被私有。

根据已有的私人同样可以提供和生产公共品及准公共品理论，环境金融产品更接近于这类混合产品，它是环境要素的公共性与环境金融产权的排他性二者的结合。以碳要素为例，由于全球人口猛增和工业化经济增长，碳排放总量不断增加，而环境容量的有限性直接决定了对这种无限制的碳排放必须加以控制，否则人类环境会持续恶化，这种外部性环境危害会严重威胁人类的生存与发展。于是，碳排放权与减排额度开始变成一种稀缺并且有价的产品，随着碳排放总量的进一步增大，碳排放权的稀缺性也随着环境容量的减小而更加显著，其价值亦随之增长，继而出现强制性、排他性、可交易性、可分割性等

① Graciela Chilnisky, *Development and global finance, the case for an international bank for environmental settlement*, UNESCL Discussion Paper, 1996.

产权特征。碳排放权是基于科斯产权定理而提出的治理环境外部性的手段，对于具有负外部性的碳排放，碳排放权实际是将有限的排放空间作为一种产权，其实质是对稀缺的环境容量使用权的获取。[①]　而拥有这种产权的人才拥有特定的排放空间，其交易发生在为达到减排任务的国与国之间、国家与企业之间以及企业与企业之间。

这种基于环境容量资源的财产权理论认为是环境容量的有限性带来了这一资源的稀缺性，而资源的稀缺性赋予了其可交易的内涵，使之具有财产权的性质。从金融角度看，如果碳排放权表现出金融资产或金融工具特征，形成碳金融产品，就可以将其看作一种金融资源，并且是一种稀缺的有价资源。依托碳交易衍生的碳金融，其特殊的公共性与产权性也对应产生了行政法上的许可权与民法上的财产权的权力（利）重叠。

如果将环境金融完全定义为公共物品，那么依公共物品配置理论导向分析，环境金融项目将大量依赖政府的福利性或政策性资本供给，虽然这种情况在多数金融欠发达、市场开放程度有限的国家普遍存在，但这种公共产品的定位无疑会导致市场资本的供给机制和创新机制出现严重的惰性。以此推论，当大量环境资产（包括区域性环境资产）经过技术组合或金融创新后就不再是单纯的公共物品，而更接近为混合物品时，那么以公共品配置理论为基础的环境资本项目政府投融资机制就不是效率最优的运作模式。在过去相当长的时期内，我国就将环境资本项目特别是区域性基础环境资产项目视作一种"公共物品"，这也是造成政府垄断投资与经

---

① 祝超伟：《气候变化环境金融产品的设计研究》，《中国科技论坛》2010 年第 4 期。

营的根本原因，而对环境公共品采用政府投资供给与市场化资金运作相结合的方式会比政府垄断投资与经营更有效率也是客观事实。

因此，要修正我国现行的环境金融领域存在的政府对环境资本项目及经营权的垄断，打破环境金融的基本属性定位上的束缚，至少在理论上应当先行，更加清楚地认识与研究环境金融公共性与产权性的重叠。一方面，要认识到政府一元制的环境管理体制的不足，另一方面，在金融市场机制层面也要认识到传统的金融市场不能直接促进应用于环境金融市场体系的形成，传统金融市场手段并不能保证环境金融的公平与效率价值的实现，环境金融产品在市场中进行登记、交易、交割、贮存、清算等活动，可以借鉴现有金融市场的相关机制①，但还应根据环境治理特别是应对气候变化的需要，从经济学尤其是目前严重缺位的环境金融法其他相关学科进行构架、研究与设计、使环境金融的理论与实践都能得到补充与完善，从而更好地应对国际环境金融市场的发展。

二　产品与服务的融合

金融机制针对气候变化减缓最主要的产品是碳金融，碳资产是一种有价资产和战略资源，碳排放权首先作为商品买卖，各国为达到减排指标或自身碳中和需要而进行碳排放权买卖，这类简单的碳商品现货买卖表现出的是商品属性。这种商品属性集中体现为它的价格信号引导功能，以碳金融产品为代表的

---

① 祝超伟：《气候变化环境金融产品的设计研究》，《中国科技论坛》2010 年第 4 期。

价格信号是引导经济主体投资碳减排项目的一个重要因素。《京都议定书》生效之后，碳交易与碳排放权在国际贸易实践中已然成为一种新的商品，随着全球碳交易与碳市场的规模扩大，在这些基础上的碳的货币化程度也进一步提高，成为继石油等大宗商品之后又一新的价值符号，并逐渐衍生出具有投资价值的碳金融资产。

碳金融涉及的法律问题是极为复杂的[①]，除却上述价格引导功能之外，金融资产本身的流动性构成了环境金融商品属性的第二项功能，作为一种特殊而稀缺的有价金融产品在资本市场流通，从而促使环境外部成本内部化和最小化。环境金融产品的价格引导与流动性呈现出重要而明显的商品属性，使环境金融紧密连接了金融资本与基于低碳技术的实体经济。

第二节　法律效力的冲突

上一节提到了环境金融法律属性的不确定性。本节在承接上节的基础上进一步分析环境金融法律适用的冲突及解决。

针对气候变化的减缓，在环境的全球化治理中出现了多种金融机制，如发达国家和发展中国家之间基于气候变化而达成的一种债务与环境机制。环境金融本身就是产生于气候变化应对机制下的环境资本多元参与，从产品交易上看已有

[①]　根据 WTO 的规则对碳金融具体的定义，如果它被认为是一个产品，那就适用一般货物贸易的规定；但如果认为它是金融服务，那就适用服务贸易的条例。参见乔海曙、刘小丽《碳排放权的金融属性》，《理论探索》2011 年第 3 期。

多个环境金融产品和多个交易市场活跃于国际环境金融领域，应当说国际实践已经远远领先于全面细致的法律规制。在社会责任投资原则与环境金融日趋全球化，正式国际法缺席背景下的环境金融法律的不完善使得环境金融的可执行性大打折扣。

一　国际规则与国家自主性的冲突

（一）国际规则的广泛适用

金融资本在经济全球化下已经开始突破国界自由流动，低碳经济催生的环境金融也需要有新的国际规则来增加其作为全球环境治理与可持续国际金融工具的适应性。环境金融在资源配置与流转上主要是通过资金、技术和人才的跨国转移，这无疑为广大发展中国家选择低碳发展模式提供了所需的巨额发展资金，适当弥补了发展中国家在环境治理上所急需的财力、人力、技术和政策缺口。低碳发展模式作为一种补偿性的发展机制，通过规范、调整各国的行为，促进发展中国家和欠发达国家的新型经济发展，为许多跨越国界的以及全球性环境问题的解决提供了一种新的框架。因此，各国都力图在环境治理领域展开广泛交流与合作。但是应当注意的是，目前国际性金融监管尚不完善，特别是发展中国家国内的金融市场还不健全。

在金融领域，即便在国家间经济相互依存不断增加，金融与经济国际化、全球化的今天，一国的金融监制自主性仍然要高于国际金融合作；对于环境治理来说，巨额金融资本的快速流动带动了市场刺激的加深，在缓解资金投入不足的同时，也会增加金融结构不稳固特别是一些发展中国家发生金融危机的风险，进而引发政治危机和其他社会危机。①

　　经济、社会发展水平相对较低、人类行为与活动极受生产力水平限制的时期，气候与环境问题没有成为人类的共同威胁，无所谓环境治理的全球性，更谈不上环境金融的出现将如何影响环境治理这一问题。现今，无论是环境金融还是环境治理，全球化与国际化都已成为不可避免的大趋势，环境金融要想更好地参与环境治理，发挥其对环保的功能与作用就必须重视国际制度的适用与实施，并且积极参与相关领域的合作。作为引领国际金融发展的环境金融制度及气候制度也必然会对现有的利益格局和国家行为产生影响甚至改变。而国家行为表面上看是由国家自主决定的，但究其实质仍难免由国际制度等影响因素来决定。

　　人类对环境问题的关注也开始在国际制度层面展开，全球环境治理也要遵循相关国家缔结的国际环境公约，此外还包括区域多边条约、国际环境机构与组织及以国际金融机制作为准则和规则正式安排的一整套相互关联并持久存在的约束规则。②

（二）国家自主性的挑战

　　全球环境治理与环境金融机制在解决环境问题、环境治理多元化中的作用是显而易见的，其国际规则的建立与发展也是

---

　　①　陈纯：《金融全球化与我国金融利益保护》，《广州市经济管理干部学院学报》2003 年第 1 期。

　　②　1972 年联合国《人类环境宣言》提出了国家的全球责任，在 1977 年第一次世界气候大会上，气候变化首次作为一个焦点问题被提上议事日程。1988 年联合国政府间气候变化专门委员会（IPCC）成立，1992 年在里约热内卢召开的环境与发展大会上，参会的 155 个国家签署了《联合国气候变化框架公约》，这也是国际环境治理领域中影响最大的国际法律文件之一。

大势所趋，但国际规则重构对国家自主性造成的冲击也不可避免地体现在这些国际规则从建立到实施存在的诸多障碍中。首先，不同的国家是各种国际环境法律的主要执行者，参与全球的环境治理通常也意味着有关国家要承担本国经济发展之外的成本。环境治理的经济与技术成本，无论对于发达国家还是发展中国家或是欠发达国家来说，都存在着不同程度的被抵制倾向。其次，"软法"空间在正式国际法缺席的背景下，目前承担规制金融机构及投资者行为职能的几乎都是自愿性规则及其他软性法律机制，无法保障各缔约国履行各自的义务，这的确妨碍了国家在环境治理上的合作。

环境金融领域尤其如此，在应对全球气候变化速度、减排范围以及承诺的约束性等问题上，国家之间的相互分歧较大，尤其是在减排目标与安排上，使得环境金融的适用与作用的发挥还停留于理念与学术研究层次上，具体操作规则与制度极为欠缺；在国际的分布也集中在相对少数的发达国家市场和国际金融机构中，环境金融并没有真正成为大多数国家经济活动的主流，更没有在环境治理领域内充分发挥它的强大作用。虽然全球环境治理符合人类社会的整体发展趋势，但受近代以来发展主义意识形态①的影响，各国都把提高近期的国民福利作为施政的首要目标和维持政权合法性的途径。在环境治理全球化与环境金融国际化的过程中，国际气候制度与环境金融规则是在

①　发展主义是一种在第二次世界大战以后产生了深远影响的意识形态。它以经济增长为中心，认为经济发展是社会进步与政治发展的先决条件；它预设了工业化与民主化的先后发展顺序，认为随着经济增长和民主制度的巩固，所有社会矛盾与问题都将迎刃而解。发展主义和发展型国家的积极效应，造就了东亚经济奇迹，使之成为后发国家积极仿效的典范。而随着 1997—1998 年亚洲金融危机的爆发，发展主义与发展型国家日益成为反思和批判的对象。

发达国家主导下制定的，它建立在部分发达国家或地区对本国利益的充分考量之上，缺少了对自身历史责任与发展中国家利益的系统思考。国际环境问题与环境金融在一定程度上深刻地关系到世界各国未来的发展空间，因而如何对新兴发展中国家的能源消费与发展模式进行限制，以及如何在国际金融市场上有效牵制发展中大国的经济发展就成为一些西方大国重点思考的问题，而这是对发展中国家自主性的直接冲击。对发展中国家而言，要求这些经济发展处于不同阶段和水平的国家遵守相同的竞争规则，必然影响发展中国家自主确定符合本国实际的环境金融发展战略和实现路径，使这些国家的自主性遭受挑战。发展中国家要想在可持续发展框架下实现国内金融可持续发展和保护全球环境双赢，就必然坚持本国金融与环境治理的自主性和国家主权原则。

二　金融监管本国化与资本全球化的矛盾

（一）金融监管的国家法律产品形态

环境金融所借助的金融手段，也存在着金融监管本国化与资本流动全球化在立法上的矛盾。欧洲央行管理委员会委员暨芬兰央行行长、著名经济学家利卡宁认为：如果金融市场是国际化的，金融监管也应当是国际化的。在环境金融发展的过程中由于监管缺失等多种因素，存在一些参与主体追求本位利益最大化、监管套利等行为所造成的市场无序、不正当竞争等"市场失灵"现象，更进一步说明了环境金融监管的重要性，也印证了"金融市场天生就是不稳定的，需要监督和管理"的结论，因此，对金融业的监管一直是主权国家经济安全的核心内容，金融监管在很多国家也仍然保持着国家法律产品的形态。

（二）从国内监管走向国际市场

但是，在资本全球化特别是环境金融市场国际化面前，任何一国的金融监管如果想只靠本国力量都会显得势单力薄。因此，诸如欧美等金融业较为发达且法律规制更为完善的国家已经率先迈出了金融监管国际化的步伐。一方面是金融全球化的客观要求，各国不得不改变传统的内在监管策略。环境金融是金融创新以适应环境治理和可持续发展要求的产物，其创新的动力来源于自由竞争。我国金融业的中间业务目前是极不发达的，金融监管也处于国家的严格管制下，这种现状阻碍了合理的环境金融市场的形成，如果不改变这种国际与国内双重隔立的现状，实现金融业自由化，那么再好的金融工具及法律政策都无法在环境治理领域发挥作用。

另一方面则要在主权原则基础上考虑如何在环境金融领域建立国际统一的法律反应机制。金融全球化为金融监管从本国化走向国际化提出了客观上的要求，这主要表现为它要求各国、各国际金融组织必须改变监管战略，从单一监管走向采取综合性的国际性监管，在监管手段、监管规则上也向国际标准、国际惯例靠拢，金融监管对象也由国内金融机构扩大至国内金融机构的海外分支机构及本国境内的外国金融机构，以共同应对金融危机和环境问题，维护和恢复国际金融秩序，确立金融工具对环境治理的国际化监管标准。同时由于监管国际化带来的法律机制的更新也为建立更为公平、有序、有效的全球金融市场秩序提供了新的可能和保障，有利于加强各国彼此之间在环境金融监管领域的合作和法律协调。要使这两方面达成统一，就必须首先解决金融监管的本国化与资本全球化的矛盾。

（三）主权与国家利益基础上的环境金融全球合作

解决这一对矛盾，具体而言，要从调整监管理念、参与国际标准制定、参加监管国际合作、推动国内监管立法等几个方面加强对环境金融监管国际化的应对，主要包括监管主体的国际化、监管客体的国际化、监管标准和监管内容的国际化以及监管理念的国际化，在此基础上，注重金融监管的国际合作。金融监管从一国走向国际，依目前情势来看，基本上还是以西方金融监管制度、理念、体制作为基本参照物，广大发展中国家和转型国家的利益还未得到应有的重视。应探讨并制定立足于主权与国情的正确法律回应，在维护公平、合理的国际金融秩序与人类环境共同治理大前提下，实现国家利益最大化。金融市场的扩大和全方位的国际竞争已经拉开序幕，对于环境金融而言，如何在全球金融市场的激烈竞争中将我国的金融监管法律体系与国际标准接轨，都是急需引起思考与重视的现实问题。

第三节 环境金融的商业风险

环境金融是金融体系中重要而稀缺的金融资产与金融资源，能源市场、政治事件和气候变化增加了环境金融的不确定性，在承担资本市场的经济补偿和转移分担风险功能的同时，环境金融自身也面临着巨大的商业风险，主要表现为：由经济

周期因素、道德风险及市场因素、结算货币及定价等所引发的
商业风险。

一 经济周期波动

宏观经济周期波动可能极大地影响企业、工业生产膨胀和
收缩，低碳经济也间接地影响到能源消耗和二氧化碳的排放量。
在繁荣的经济周期，企业的生产力与高能耗和高碳排放的不断
增长，从而推高碳交易特别是金融交易的市场价格，而在经济
衰退期则相反，市场的波动将带来市场容量和工具成交价格的
不稳定。

二 "漂绿"① 的道德风险

以环保为名追逐资本利益也成为环境金融发展进程中需要
控制的态势。地球之友（FOE）曾在其报告中指出：据统计，
大约有 2/3 的碳投资基金并不是为了帮助企业达到碳控制要求
而是以获得更多资本回报为目的，大部分的碳交易已经为投机

---

① Bank Track 在 2005 年曾有一项对"赤道原则"的执行情况进行的调查，认为"赤
道原则"体系下的金融机构有"漂绿"（green wash）现象的发生。由于银行在公共领域内
信息提供的严重缺失，缺少政策实施的透明度，使得银行面临"漂绿"的指控，它们口头
上接受环境标准，但实际行动少有改变。大多数银行并未披露其如何将赤道原则纳入日常
运营，甚至根本不披露其是否已采纳赤道原则；透明度缺乏：大多数银行的报告对赤道原
则只是寥寥几笔勾勒，而签署赤道原则也未正式要求银行披露此类信息；鲜少介入公民社
会：尽管赤道原则金融机构声称要为外部利益相关者传送福利，但银行极力避免公民社会
的介入；赤道原则金融机构可能会施加影响，以弱化赤道原则的要求；业务一如既往，采
纳赤道原则并未对金融机构在许多争议较大的项目上所做的决策产生实质性影响。参见 ht-
tp：//www. banktrack. org/show/pages/publications。

者投机利益的来源。这种投机性需求的增长必然带来环境金融的道德风险。环境与经济、金融本身的趋利性就是其产生道德风险的来源。这是世界上最大的金融游戏也是社会各界的利益焦点，全球的大型金融集团更有可能使环境为金融服务，将它变成有利可图的工具或手段。

目前，国际环境金融市场的交易成本高昂，特别是基于项目交易的程序极其复杂、参与的机构众多，其中涉及跨国项目的报批和技术认证，在初期都有专门机构对项目进行批准，中期监管部门会指定相关经营实体对项目进行审定、负责项目的注册与核实，这些都要花费巨额成本。尤其是碳金融市场交易过程中有很多的国际监管机构和登记机关为项目提供审批和技术认证，它们在此间扮演了一个至关重要的角色。而目前又缺乏国际上较为统一的且具有强制执行力的监管机构对交易中介进行监管。另外专业技术领域的封闭性造成的信息不对称，都有可能引起环境金融道德风险，使原本以促进环境治理、实现经济与环保双赢目标的环境金融演变成利用环境、假借环境治理之名谋利的工具。事实上，这些机构在材料准备和核查中是存在提供虚假信息的可能性的。

三　平台与交易分布不均

包括我国在内的大多数发展中国家及地区的环境金融市场机制仍不够发达，主要表现为：

一是环境产权交易所等交易体系不健全。以我国为例，目前用于开展环境产权交易的交易所主要是以北京环境交易所、天津排放权交易所、上海环境能源交易所为代表的规模不一的交易所及交易平台。尽管一些环境交易所已储备了多个金融挂牌项目，但大多数都仍停留在 CDM 项目交易和股权转让层面上，极少真正涉及碳金融或者其他环境金融产品，缺乏在国外金融市场上极为活跃的环境金融交易，离从事真正意义上的环境金融仍有一定距离。[①] 这种交易体系的不健全和交易产品的局限性使得全世界大部分发展中国家、欠发达国家在全球环境金融中不能主控话语权。从长远来看，不利于环境金融市场的发展，也不利于在全球范围内最大限度发挥环境治理金融工具的作用。

二是服务体系质量不高，环境金融作为一种新型的、创新的国际金融模式，多数都是跨境交易，会涉及不同的国家、地区及专业领域，如货币、外汇、证券、期货期权等金融领域，还会涉及环境科技领域，如清洁能源领域等，因此需要多元化的高级服务机构及人才为环境金融交易提供专业的咨询及交易服务。市场平台的"硬件不足"、交易产品和机制的"软件欠缺"，加之缺乏相关的人才储备，使得环境金融在全球的发展处于极不均衡的状态，不仅抑制了环境金融自身的发展，对环境治理的全球参与局面的形成也极为不利。

四　金融机构参与度不高

目前，世界各国的金融机制各有不同，发达国家大多采用的是金融混业经营模式，而在金融管制相对严格与封闭的国

---

① 张勇、李炜：《应对气候变化的碳交易法律对策研究》，《甘肃社会科学》2010 年第 3 期。

家，金融业的分业经营也是制约环境金融发展的重要因素。部分国家对环境金融业务缺乏充足的认识与了解，这主要是由于环境金融在这些国家与地区的发展时间相对有限，其交易原理、交易模式、交易市场并不被人广泛知悉与理解，其中蕴含的巨大商业机会与有效环境功能还未被发掘。另外，环境金融的高风险性也成为金融业不够发达的国家与地区缺少轻易尝试的原因。

首先，目前影响一些国家金融机构参与环境金融的主要风险因素是政策风险，京都时代达成的阶段性约定已在2012年到期，后京都时代全球的气候机制走向并不明朗，国家减排义务的承担以及制度如何安排等都会直接影响到环境金融业务的发展，金融机构必须意识到这种风险，因而暂时持观望态度也是在所难免的。

其次是金融业分业经营的局限。金融是现代经济的核心，在各国发展低碳经济过程中的地位和作用也是举足轻重的。对我国而言，金融业的创新毋庸置疑将是我国金融机构进军环境金融产业最主要的武器之一。尽管我国环境治理中的直接融资渠道已经得到了快速发展和政府财政的有力保障，但是以金融机构和企业为代表的市场融资则发展得异常缓慢。这也直接造成了我国金融机构在环境领域参与度不高，金融业分业经营而无法形成合力。我国的金融业务范围狭窄以及金融创新相对较少，与之相对比的是西方国家金融业的混业经营有着广泛的业务以及金融创新优势。随着全球环境金融特别是碳金融的高速发展，我国金融机构要充分认识并且做好准备成为发展环境金融产业中最重要的国际法主体之一。

五   定价机制与货币结算的滞后

现代金融是一种最基本的国家战略资源，与生态、资源战略的特殊性和广泛性相关联的环境金融更是一种稀缺的基础资源，发挥金融资产的环境权属相关交易上市流动的必要条件便是它必须具备环境的货币价值，即环境金融的"货币化特征"，因此，定价权的公平分配与货币结算体系的构建对环境金融发展而言具有重大意义。我国若能有效运用环境金融这一基础性的核心金融资源，作为环境治理金融工具的经济功能与环境功能，将极大地带动经济结构的调整、产业结构的优化和环境治理功能的加强。但是必须承认的是环境金融在全球发展不均衡，导致包括我国在内的很多国家仍处于国际环境金融体系价值链的最低端，缺乏定价权等基础话语权，而定价权分配的不公平则是制约环境金融全球化发展的又一因素，另外，目前世界范围内还没有形成统一的碳货币定义及其衡量标准，这使得与之相关的环境金融无法形成统一的货币结算体系。

（一）合理的定价机制

西方经济学家通过实证分析研究得出所有的金融市场都不是一个完美的市场体系，它需要不断地完善，而完善的重中之重就在于实现信息的对称。环境金融市场也有非对称信息的存在，而非对称信息的存在会降低市场的效率。在环境金融产品及衍生品定价研究领域中，随着环境金融市场的快速发展，新型的金融产品不断被推出（如期货、期权等），对其定价权的分配与定价的准确性要求会越来越高。

以碳市场为例：处于产业价值链最低端的国家无法参加制订环境金融市场的价格，只能充当低价的"卖碳翁"①，从而导致环境金融资源的流失非常严重，这种不公平的定价机制，在价值层面来看是对环境金融公平价值的破坏，在功能层面又不利于调动多数发展中国家低碳减排的驱动力，严重打压了它们在全球环境治理中的积极性。

目前，国际环境金融产品的定价机制主要有免费发放、市场出售与拍卖。免费发放是根据行业或企业的历史排放数据，同时考虑不同的行业发展空间、特殊行业的保护以及地区之间的差异等情况。出售是由于政府的垄断地位及需出售的产品数量巨大，一方面，由政府提供环境金融产品并且直接在市场上出售会造成对市场的影响过大；另一方面，在环境金融市场机制还不完善的情况下，产品定价本是市场的事，由政府直接售出的方法在一定程度上是以低效率为代价的，更不能发挥价格机制的市场发现与引导作用。从纯粹经济学意义上看，选择与气候变化环境金融产品属性相适应的拍卖机制是理论上最合理的定价方式。② 但无论哪采取种价格机制，对我国而言首先必须明确的是掌握定价权的重大意义。

（二）计价结算货币体系——碳货币

碳交易市场和交易平台国际一体化的发展，对碳金融的计价以及国际结算方面提出了更高的要求。有学者曾认为碳排放

①　我国的碳减排量占全球减排市场的1/3，但碳定价权却基本被发达国家垄断。目前，我国碳资产价格只有4—5欧元/吨，而国际上的成交价格已达到十几欧元/吨。

②　祝超伟：《气候变化环境金融产品的设计研究》，《中国科技论坛》2010年第4期。

权"准货币化"特征使得碳排放权"货币化"的趋势愈加明显。碳货币极有可能成为新型的国际货币，碳额度与黄金额度可以互换并作为国际货币的基础。暂且认为未来碳货币成为环境金融市场计价结算核心资产的这种可能性是清晰的，假定碳货币有可能成为"超主权货币"①，那么一旦碳货币成为国际货币，伴随碳交易捆绑的货币定价权及其衍生的货币职能将会直接改变长期以来的以美元为核心的货币霸权（目前，欧元在全球碳市场的比重已经远超过了美元，使得欧元极有优势成为环境金融时代的全球货币）。由此对各国的经济、金融体系将会产生极为巨大的影响，对全球货币体系及格局产生的冲击也将是异常激烈的。

　　但目前就全球范围来看，在全球低碳经济发展的热潮和各主要国家对气候经济共识有所增强的前提下，仍然无法对碳货币形成统一的定义及标准，如何保障各国际法主体特别是处于国际货币体系边缘的国家能够公平进入国际碳货币体系中，将会对今后很长一个时期的国际政治、经济格局产生深远影响。这也是环境金融领域在国际法普适与国际经济秩序重构格局中争议最多、最难解决的问题之一。②

　　我国环境金融体系的发展也应关注这些全球研究与讨论的热点问题，加快健全和完善碳金融市场，使人民币在碳金融中占据一席之地，为今后可能出现的碳货币体系做好储备。

---

① 木荨:《崛起中的"碳货币"》,《中国经济家》2010 年第 7 期。
② 蔡博峰:《碳货币:低碳经济时代的全新国际货币》,《中外能源》2010 年第 2 期。

第四节　环境金融的实体风险

作为一个新兴的金融创新市场，国际环境金融在立法、监管、市场建设与交易中存在诸多缺陷，实体的运行面临着较多的风险。各国经济发展的不平衡与对全球环境问题特别是气候问题所持立场与态度的差异，直接导致了全球环境金融的市场分割和政治风险。由于人类对生态与环境认识的局限性以及气候变化本身的复杂性，也使得环境金融自产生之日起就一并附带了一定的生态风险。

一　政治风险——全球政策的不稳定性与国家环境利益冲突

发达国家和发展中国家在减排目标、资金和技术支持等关键问题上存在严重分歧，在发达国家内部各国之间的利益也并不完全统一，冲突与分歧在历次气候谈判中也有所显现，这些都会直接影响全球的气候变化应对策略，国际金融体系也会直接受制于全球政治格局。环境金融是一项参与环境治理的经济手段，更是由气候政治直接催生的产物，故而任何相关的政策和制度变化，以及影响政策和制度潜在的、间接的因素都会都对其产生至关重要的影响。

首先，市场未来发展最大的不确定性在于相关国际公约是否可以延续。国际碳金融市场高度分割的情况自2008年《京都议定书》正式实施后有了一定程度的改善，但是各国对《京都议定

书》的有关规定仍存有广泛争议，例如《京都议定书》规定发展
中国家没有具体量化的强制减排义务，而发达国家却力图迫使中
国、印度、巴西等经济发展较快的发展中国家承担量化减排义务。
发达国家与发展中国家之间的激烈冲突集中于减排目标的兑现、
碳交易定价权的争夺、资金与技术援助等方面，可以说气候问题
的背后，政治与经济的博弈无处不在；并且在其有效期过后，
"后《京都议定书》时代"的世界气候大会也未能达成有效的法
律协议，致使目前所制订的各项与低碳减排相关的机制都面临较
大的政治风险，而所有这些政策的不确定性也将长期存在，对国
际环境金融市场的统一和发展都产生了极大的不利影响。

其次，全球主要能源输出国的政治动荡也直接影响了环境
金融的发展。而且，大国的减排制度变化也产生了风险。以欧
盟为例，由于欧盟减排计划第一阶段的过度分配以及随后也未
出台补救措施，曾两次导致全球碳市场价格巨幅波动，欧盟的
碳减排量标准依赖于国际社会对后京都有关谈判的结果作出调
整，同时，在相应的环境产权分配上引入新的拍卖机制，把航
空业纳入碳金融体系，这都将对环境金融市场产生影响。在发
达国家内部，美国和欧盟就减排问题一直存在不同意见，作为
气候谈判发起方的欧盟希望建立具有约束力的国际协议，而美
国的国内减排规则是以自愿排放权交易为基础的。大国意见的
不统一也反映出在全球环境治理上的分歧和争议，这是调动多
元化环境治理积极性、实现人类共同但有区别的环境责任的主
要阻碍之一。这种阻碍进一步加剧了受国际政治利益牵引的环
境利益冲突，增加了国际环境金融体系未来发展的不确定性。[①]

---

① 卢现祥、郭迁：《论国际碳金融体系》，《山东经济》2011 年第 9 期。

二　生态本身的风险——对气候变化的质疑

自哥本哈根气候变化大会以后，国际社会对气候变化问题的关注程度直线上升，科学、经济、政治、法律等各界人士都从自身角度发表对气候变化的看法，特别是近年来多次出现的"气候门"事件，使得人类对气候变化的认知并不稳定、尚未统一，对气候变化及如何应对的研究也经历了有史以来最大的挑战和质疑。争论的焦点莫外乎：气候是否在变暖、气候变暖的人为因素比例、气候变暖的影响及是否要发展低碳经济等。

（一）质疑与挑战

有关气候变暖的科学结论大都出自政府间气候变化专门委员会（IPCC）报告，《联合国气候变化框架公约》（UNFCCC）也是以此作为决策的科学基础的，这也是目前最为可靠和最为重要的依据。IPCC 报告基于对全球气候变化研究成果的汇总和提炼，因此它也是世界绝大部分国家在制定气候变化国家方案和政策时的核心科学依据。但是各界对气候变化的质疑和挑战绝大部分也是针对 IPCC 报告，一旦有足够充分的证据能够动摇或者改变 IPCC 报告，也就意味着动摇了全球应对气候变化的基石，那么世界各国的行动方向、政治、经济、能源格局都必然受此影响，也意味着环境金融形成的母体即基本科学依据将受到挑战。随着全球对环境问题的进一步深化认知，如对气候问题的质疑等，都是影响环境金融进一步发展的因素。[1]

---

[1]　蔡博峰、杨姝影：《气候变化：质疑与挑战》，《环境经济》2010 年第 5 期。

（二）能源技术与金融安全的新角逐

发展低碳经济与环境金融的初衷是应对气候变化，环境金融的国际竞争实质上更像各主要国家参与全球经济竞争、争夺环境问题话语权的较量。德国、法国、英国以及丹麦等国的新能源技术处于世界领先地位，无疑会为其带来巨大利益，这正是那些拥有核心能源科技的国家全力推动全球的低碳化发展的原因所在，新能源技术的背后是一些欧洲国家对美国在传统的信息技术、石油、军工等方面的竞争优势的挑战。而美国也同样意识到发展环境金融以主导全球环境资源的重要性，尽管美国有部分民众和学者对待气候变化本身的态度较消极，甚至从根本上抵制和反对人为温室气体排放因素导致全球变暖这一结论，美国政府也在 2001 年宣布退出了《京都议定书》，但是，美国在低碳化与环境金融发展上并未停步不前，2003 年成立的芝加哥气候交易所①早于欧盟 2005 年的 ETS②，成为目前全球最大的碳自愿减排市场，全球第一项自愿性碳减排交易就发生在美国，在时间上甚至比《京都议定书》生效的时间还要早8 年。③

上述欧盟和美国关于新能源与气候经济的各种举措都逐一

---

① 成立于 2003 年的芝加哥气候交易所是全球第一个具有法律约束力、基于国际规则的温室气体排放登记、减排和交易平台。各会员自愿参与，其现有会员约 200 个，分别来自航空、汽车、电力、环境、交通等数十个不同行业。会员分两类：一类是来自企业、城市和其他排放温室气体的各个实体单位，它们必须遵守其承诺的减排目标；另一类是该交易所的参与者。该交易所开展的减排交易项目涉及二氧化碳、甲烷、氧化亚氮、氢氟碳化物、全氟化物和六氟化硫 6 种温室气体。

② 欧盟排放交易体系成立于 2005 年 1 月 1 日，参与国家为欧盟的 28 个国家，其建立基础是《欧盟 2003 年 87 号指令》（2003/87/EC），是目前全球最大的碳排放交易市场。

③ 蔡博峰、杨姝影：《气候变化：质疑与挑战》，《环境经济》2010 年第 5 期。

证明未来全球经济的核心将颠覆传统的石油经济，"低碳"与"减排"才是大势所趋，新的全球规则正在此消彼长的激烈角逐中发生改变。因此，在关注到这类对生态认识发生改变以致一些科学结论受到质疑从而产生的生态风险以外，本书更倾向于认为作为发展低碳经济与环境金融的科学起源的气候变化不仅是一个科学上的问题，更是政治、经济、环保相互交汇而产生的复合问题。尽管人类对气候变化尚无完全统一的认识和绝对科学的结论，但事实上，宏观上的不同发展阶段的国家，以及中观的各产业、行业再到微观的各市场个体客观上都受到了气候变化及其应对机制的影响，尽管其初衷是应对气候变化，但在实施过程中各国的利益预期早已经远远超过了应对气候变化本身，其背后各利益集团、各国的能源与生态安全以及科技、经济实力的角逐才是推动低碳经济与环境金融快速发展的原动力。

在环境金融领域，低碳减排的目标不仅要降低人类行为对环境的影响，更在于国际社会中以新能源为核心的高新技术领域的国际竞争需要借助一种新的制度工具来保障国家的经济、金融与能源安全。尽管各国在其中表现出的适应能力各有不同，但新技术竞争与气候应对都需要通过金融市场这一载体来规避风险，而环境金融的特有的风险分担及资本能力可以为此提供转移和分散气候风险的支持，把风险转嫁给有风险吸纳能力的交易者。在很大程度上，环境金融已经不完全依赖于气候变化，而是国际政治规则与经济秩序的重新调整，从更长远宏大的视角也可能是人类主流文明形态的新一轮超越，各国在环境治理问题上凭此争夺话语权，从而为更多、更好地享有环境权、资源权和实现国家利益进行博弈。

第五节　环境金融的监管风险——
金融自由与合理监管

　　从历史沿革来看，环境金融的监管和其他市场产品一样最初发轫于对金融活动参与者的自律性要求。[①]　但是行业自律并不能代替法律与行政监管，法制体系的质量特别是环境金融市场监管、执行机制和透明度等在金融与经济增长的联结中发挥着重大作用，而目前环境金融监管尚不健全、立法规制体系质量不高都使得环境金融市场中的体验者、参与者，金融机构以及其他市场主体的参与积极性低下又反作用于缺乏实践基础的环境金融理论与制度构建。现代制度经济学家杰弗里·M. 霍奇逊认为：“一个纯粹的市场体系是行不通的，一个市场系统必定渗透着国家的规章条例和干预。”[②]　这是当前金融市场乃至整个市场经济稳定发展的关键。如何行之有效地监管环境金融活动，在适度的金融自由与合理的金融监管之间加以衡平，目前仍然是全球各个国家金融与环境监管当局面临的问题。[③]　环境金融的

---

　　①　张雪兰、何德旭：《国外环境金融的困境与应对举措》，《经济学动态》2010 年第
11 期。

　　②　［英］杰弗里·M. 霍奇逊：《现代制度主义经济学宣言》，北京大学出版社 1993 年
版，第 298—302 页。霍奇逊认为在市场经济条件下，市场机制不可能完全脱离政府单独发
挥作用，有些领域不能让市场调节，还有一些则是市场不愿意调节；而且，即使是市场可
以调节的领域，也存在诸多市场自身难以克服的缺陷。因此，要在“政府之手”和“市场
之手”之间找到最佳的平衡点。

　　③　美国根据 2007 年《气候安全法案》，成立了高层碳市场工作小组，其成员包括国
家环境保护局局长、财政部部长、联邦能源监管委员会主席、美国商品期货交易委员会主
席、美国证券交易委员会主席。小组的任务是设计监管碳市场的细节问题。

监管风险主要表现为环境金融监管的特殊性和现有环境金融监管体系的主要缺陷两方面。

一 环境金融监管的特殊性

环境金融包括了以碳金融为核心的，涵盖社会责任投资、环境保险、基金、信托、环境资产证券、能效贷款等的一系列金融工具。随着新的基于市场的环境融资机制的建立，为确保各参与国及受影响国的利益要求得以满足，确保能以有利的条款吸引资本对环境金融的投入，环境金融需要国家行动的配合，它必须结构化地嵌入国内法，以各个参与国达成的国际合作协议为前提。通过国内法建立与之相配套的监管机制，包括关于透明度、参与、说明理由（Reason-giving）、评估的全球行政法律程序，提高环境金融市场的负责任性。因此，应当针对环境金融活动的特点，完善环境金融监管。要得到包括投资者、政府、环境与社会非政府组织等各方的积极响应，在现有监管架构的基础上建立和完善环境金融监管组织体系，确立环境金融监管的中长期目标及执行框架，控制和避免环境金融因监管的严重缺位而导致的风险。

二 环境金融监管体系的主要缺陷

（一）信息披露范围过窄

目前中国资本市场的环境准入机制处于刚开始建设的阶段，以上市公司的信息披露为例，我国上市公司通过年报或其他方式公开披露环境信息的比例并不高，并且其中绝大多数披露都是一些定性描述，真正对金融投资者有用的环境信息量极少。上市公司缺乏有效的环境监管。环境金融产品创新的一项重要功能就是可以分散风险、提高银行等金融机构的效率，但当风险足够大时，分散风险的链条也可能变成传递风险的渠道，在一定程度上把可能存在的环境风险转嫁给了投资者。此外，在环境行政管理体系中，受到环境行政处罚的相关信息也未及时披露，无法满足环境金融投资者对环境信息知情权的需求。

因此，在开发与推行环境金融产品的同时必须加强对信息的披露和相应监管，拓宽信息渠道、避免金融产品的过度开发、控制风险规模。环境金融的总交易量、交易收益状况以及交易机构自身对这些交易的风险管理状况均应纳入信息披露的范围之中，促使银行、证券等交易机构和其他参与主体扩大信息披露的范围，加强对环境金融产品的监管。

（二）社会监督力量未能充分调动

金融机构和投资者应当遵守社会责任投资原则，以书面形式主动披露金融决策所涉及的社会、环境或道德因素，通过市场力量与社会监督加强金融机构的他律性。在金融机构和投资者行为以及金融机构公司治理的监管方面，就发挥环境 NGO 层面诸如金融行业自律监察组织、绿色和平、地球之友、世界自然基金会等非政府组织的社会监督功能，应进一步赋予独立监督权。[①]

---

① 张雪兰：《论绿色金融集体行动环境的建构》，博士学位论文，中国社会科学院，2009 年，第 50—81 页。

（三）环境金融数据中心尚未建立

缺少专门的环境金融数据中心，阻碍了环保审核信息交流平台的形成。鉴于环境金融评估的专业性、风险管理、降低信息与交流成本的需要，应当设立全球性与区域性的环境金融数据中心，建立相应的国际化数据处理设施，收集环境金融所需相关数据如环保审核、社会责任投资流动数据、环境金融对社会环境绩效的影响等。[①]

欧美等国已经开始研究和操作建立环境金融监管体系，针对金融资源的环保贡献最大化来设计不同激励和约束机制，以调动环境金融主体的参与能动性，探索突破环境金融在全球发展的困局，使环境金融在推行时所面临的种种问题能够在国际层面得到更为彻底的解决，为金融工具如何有效地参与环境治理提供范本，这无疑对促进中国等发展中国家参与环境金融发展提供了积极的借鉴与经验。

第六节　中国碳金融——问题与方向

在全球气候变化与减排的大势之下，中国碳市场的开发与监管、研究与运行等问题将成为兑现 2020 年中国单位国内生产总值二氧化碳排放比 2005 年下降 40%—45% 这一承诺目标的关键所在，未来 10 年内如何在全国范围内构建统一开放的碳交易

---

① 张雪兰、何德旭：《国外环境金融的困境与应对举措》，《经济学动态》2010 年第11 期。

平台，在碳市场特别是碳金融领域内调整市场与政府的角色定位，实现经济发展与环境保护的协调、排放成本与生态补偿之间的平衡、政策的立法化等这些界于现代性与全球性之间的问询，以及中国的排放权交易在"碳路"上的已有表现都将成为左右中国碳金融之路的重要因素。

作为世界第二大经济体和第一大制造业国家，中国在低碳技术、产品与市场的开发方面开始有所突破，自 2009 年中国政府首次正式对外宣布控制温室气体排放的行动目标以来，有关碳市场与碳金融的政策与法规开始萌发。国家战略层面推进新型城镇化进程中，一方面在解决贫困等社会、经济问题的上同时实现低碳绿色发展、挖掘潜在的碳市场新空间，以时间换取空间；另一方面，减排目标与碳市场是一种倒逼（bottom-up）的关系，即通过预设一个总体减排目标倒逼与之相适应的碳市场开发，以中国巨大的市场空间跟进全球气候经济的步伐，以空间换取时间。这种时间与空间的相互取益应当成为中国应对环境金融国家战略顶层设计的重要内容。

一　中国碳市场发展近况

随着国家发展改革委颁布首部《温室气体自愿减排交易管理暂行办法》，碳市场极有可能迎来快速发展，而这种发展的动力主要源于政策信号的日渐明朗，2011 年 10 月底，国家发展改革委下发《关于开展碳排放权交易试点工作的通知》，批准北京、上海、天津、重庆、广东、湖北、深圳为中国首批碳排放权交易试点地区。根据试点要求，2013 年试点地区启动碳交易市场，2015 年建成全国性市场。自 2013 年，七个试点地区的碳交易相继开市，根据各自的区位优势、配套的金融服务等。目前，中国已经有了相对成熟的以北京等地为代表的环境交易地方市场，同时也进一步放宽了碳交易机构的设立备案条件，限制了主管部门对交易机构备案申请进行审查的时间不超过6个月，并于审查完成后对符合以下条件的交易机构予以备案：

（一）在中国境内注册的中资法人机构，注册资本不低于1亿元人民币；

（二）具有符合要求的营业场所、交易系统、结算系统、业务资料报送系统和与业务有关的其他设施；

（三）拥有具备相关领域专业知识及相关经验的从业人员；

（四）具有严格的监察稽核、风险控制等内部监控制度；

（五）交易细则内容完整、明确，具备可操作性。[①]

上述表现都不失为中国本土碳市场正式建立的标志。

二　"碳路"推进中的主要问题

目前在全国范围内还没有形成统一的碳市场，碳交易以行政区内的地方性局部交易为主。要通过支持环境能源交易平台的建设、建立相应的激励机制、维护市场秩序等措施来搭建全国统一的碳交易市场。在推进交易机制的完善过程中存在的问题和难点主要有：

（一）市场的定位——市场扩张与政府主导的协调

市场的定位主要涉及市场与政府的关系协调、区域市场的

---

① 《温室气体自愿减排交易管理暂行办法》第25条。

发展与全国统一市场平台的建设。理论上讲，政府的作用应当更多倾注于向企业传递排放二氧化碳是有成本的，而减少排放则可转化成经济利益的信号，这是企业接纳减排并积极参与市场化方案的政策前提，政府的行政管制应该分阶段地退出碳交易市场，从发号施令者的角色转换为碳交易市场游戏规则的设计者及监督者，以不过度干涉之态度在市场内部和各地区间的博弈中维护碳金融市场的独立性，对地方政府而言则应不以狭隘扶持和培育本地市场来进行地方保护。[①] 实践中，在碳市场交易和碳金融的发展初期，政府往往会倾向于强力介入市场交易的主体、机制、分配等各个环节，进行温室式的培育。但是，政府的过多干预会在客观上扭曲碳排放交易各方的正常博弈，影响碳排放资源的合理配置。

就目前的市场发展水平而言，要厘清以上两对关系最主要的困惑在于：中国碳市场的总体发展还处在培育阶段，而市场本身的扩张性与政府的主导之间存在制约，市场的扩张性来源于市场自身扩张和政府要把市场做大的意愿，但是单靠政府的力量，拔苗助长不能满足这种需求。《中共中央关于全面深化改革若干重大问题的决定》明确了市场的主导性地位，挖掘更多市场机会与脱离政府控制成为中国市场化的出路，而碳交易本身的特殊性又在于它是一个虚拟的市场，市场化的运作机制在提高交易效率的同时必须辅以政策与法律的强制才能规范运转。以碳价为例，在碳交易的初期，如果放开多主体的投资基金进入碳交易领域，很容易出现投资人操控市场的情形，所以政府在价格调整上仍有较大控制力，市场化的定价功能仍然会受到限制。

---

① 李志青：《上海碳金融的背景、挑战和前景》，《电力与能源》2012 年第 6 期。

目前中国发展碳市场的一个挑战及风险就是把碳市场分割了，这种分割主要来自减排指标的分解是直接到各个省市的，也就是按照行政区域分解碳指标。为了完成各自的指标，比如上海市就基本不可能把自己排放的指标卖给邻近的江苏省或浙江省，而其他省、自治区也只愿意在本辖内交易，这就大大降低了交易机会。这种指标的地域分割可能会使得目前的碳市场先天不足，人为地形成了碳市场的割据。市场本身就应该是开放的，需要广泛参与，碳交易的未来不光是全国参与，更应是国际参与。从长远来看，应该建立一个统一的、开放的全国性碳市场，这样才会增加交易机会，更有利于市场发展。所以中国越早实现跨省交易，越有助于市场在流动性的基础上发挥其功能。然而构建全国性的碳市场首先面临着以下几个难题：

1. 总量设置与配额分配之难

是按照行业分配还是省市分配？各个地区、各个行业应分配多少？是分到企业，还是中央分到省里再由省里分到企业？企业当中又要先分配哪些企业？分配多了，碳交易市场上就只有卖方，分配少了就只有买方，这是关于总量的设置与分配的度的问题。目前的做法是：按国家发展改革委对试点总体的原则，进行排放总量控制，将指标分配到各个省市，由省市分配到行业，最终分配到企业执行。不难看出，这种分配方式具有一定的强制性，今后，随着市场化程度的提高，强制的分配方式能否实现分配的公平尚无定论。因为就全国统一市场而言，总量的设置与分配不仅是一个"量与度"的问题，同时还是一个涉及公平的问题。[1]

---

[1] 钟志敏：《七碳交易试点展开方案竞赛》，《中国证券报》2012 年 2 月 20 日。

2. 对地方央企的监管之难

地方上的央企如何纳入排放配额是目前中国建立全国碳市场的一个难点，中国国内现存大量大型的国有企业、中央直属企业，这些企业的生产、经营地分布在全国很多地方省市，这些国有企业、中央直属企业如何参与碳交易市场，目前的做法是由所在地进行属地管理，7 个试点地区也都是这样做的。事实上，各地方政府的"属地管理"是难以对央企的"垂直管理"进行有效管控的，但如果不纳入减排又会漏掉各地的排放大户。怎样把这批企业纳入全国的碳市场体系当中，需要地方政府和央企直属的垂直部门进行协调，而中央与地方以及部门间的协调是非常艰难的，还有待进行专门研究。

3. 交易资源整合之难

既然要建立全国统一的减排交易市场，按常理来理解应该是只需要一家全国性的交易所即可。那么 2013 年国家发展改革委一共推出了 7 家试点，按照 2015 年建成全国统一碳市场的目标，包括这 7 家试点交易平台在内的多家减排交易所目前都各自为政，一方面是对市场资源的巨大浪费，另一方面它们面临不确定的未来，也很难保证其试行实施的效果。应当说，交易资源的整合和优胜劣汰是大势所趋。①

目前，中国已有一些关于交易资源整合的尝试：2014 年 1 月 8 日，北京、天津、上海、重庆、广东、湖北、深圳、河北、山西、内蒙古、辽宁、四川、贵州、云南和青海等地的环境交易机构在北京共同发起成立"中国环境交易机构合作联盟"，以推动碳交易的跨地区合作。碳排放配额的跨省分配和交易，是

---

① 参见《七碳交易试点展开方案竞赛》，《中国证券报》2012 年 2 月 20 日第 A13 版。

碳市场试点中的一个关键环节，要建立各交易机构之间的沟通协调机制，加强行业自律与交流，促进信息共享，才能维护市场的良性发展。

4. 敏感行业市场配额之难

在行业内部如何进行配额交易主要会考虑一些重点和敏感的行业，比如以石化、电力、钢铁、有色冶炼、烟草等为代表的传统的几大国有垄断行业，特别是与能源、民生紧密相关的行业，配额的方法按《京都议定书》规定，碳交易的温室气体包括二氧化碳、甲烷、氧化亚氮、氢氟碳化物、全氧化物、六氟化硫6种温室气体，根据《京都议定书》的上述规定，企业将生产活动中各环节直接或间接排放的温室气体换算成二氧化碳，确定出企业的基准排放量并根据发展预留出排放量。用这种方式计算起来简单易行，但是在实际运用中，分配的紧与松要与行业的特殊性和我国的现实情况结合起来加以考量。以电力行业为例，这类高耗能、高排放的行业，从全国市场的角度来说，应该是被纳入试点、增加减排量的，但是配额减少它就可能停产，而停产的话就会出现缺电的问题。因此，对待这些行业要做到既符合减排的目标，同时又能保障民生和社会日常运转，也是一大难题。

（二）老问题——经济发展与环境保护的关系

1. 减排指标与 GDP 指标之博弈

政绩为先、GDP 崇拜的现象仍然具有一定的普遍性，从地方政府的角度来看，由于 GDP 与地方财政收入密切相关，所以 GDP 的指标不是被倒逼产生而是由地方政府主动拔高的，很多地方官员也认为政府的主要职责是保证经济增长，考核官员政绩的首要指标就是经济增长，对于完成 GDP 指标很有积极性，也热衷于把投资产业能耗较高、见效快的第二产业项目（特别是重化工业）作为招商引资的重点对象。

相比之下，节能减排指标的约束力则远不如 GDP 指标，这种指标约束的强弱不均，使得各级政府在进行利益权衡时，难以改变长期以来已然形成的思维和行为，仍会习惯性地更青睐于 GDP。[①] 特别是在遭遇全球经济衰退和中国经济被迫快速增长的境况时，保 GDP 增长的压力成为首要目标，而节能减排、低碳发展等则会让位于 GDP，习惯性地居后。

这些对于碳市场而言面临着两条路径抑或两种动机：到底是立足于通过碳交易的形式将环境问题通过市场化途径加以解决？还是碳市场本身也是在把握一个新的经济增长点？二者的区别简单的说就是一种是用赚钱的方式去进行环保，一种是以环保的名义来赚钱。对于决策者而言，这可能会直接影响在具体问题上的选择。然而，对于中国这样的发展中大国，经济发展的问题是必须要解决的现实问题，经济发展与环境保护的选择不是感情选择，而是现实选择。在世界经济复苏无力的大环境下，主要发达经济体还出现负增长，中国的经济增速必须要维持在 7.2% 以上，才能保持低于 4% 的失业率，2014 年中国 GDP 增速下限高至 7.5%。中国正处于工业化发展阶段，设定过高的减排目标会对经济发展产生重大影响。所以，减排的"减"重在调整，而不是硬性地阻隔经济发展的动力之"源"，"减"更多强调的是通过碳交易这种虚拟的市场对包括排放权在内的各种气候要素进行资源化与市场化，"减"与"源"的关系实

---

① 牛桂敏：《调整利益天平　撬动低碳发展》，《天津日报》2012 年 8 月 6 日。

际就是经济发展与环境保护关系的一对具象，这对关系的真正协调仍希冀于更多的制度创造与运用，才可能避免在环境保护问题上产生"观念上被认可，现实中被否决"的尴尬。

2. 吸引与监管的艺术——企业的减排动力

要推动碳市场就必须有产业界的参与，利润空间的创造与分享才能激发产业界进行碳减排和碳交易。换句话说，需要提供一个商业环境来吸引各类社会主体，而不是一个只限制经济利益又无法为环境增益的、被反对的监管环境。

以北京市政府制定的碳交易实施方案为例，它规定：二氧化碳排放情况可以通过年消耗标准煤乘以一个系数（2.745）算出，纳入试点的减排企业是年均碳排放总量1万吨（含）以上的企业（单位）。在缺乏减排动力的情况下，企业自然会想尽办法规避被纳入碳排放权交易体系。规避的方法有很多，除违法行为之外，也有很多是合法规避。假设一家企业的年碳排放量为1.2万吨，它就可以依照《公司法》关于企业合并与分立之规定，把企业通过股权或资产分立等多种方式分解成2个法人，这样一来每个法人年碳排放量为6000吨，就可以低于前述1万吨的规定，对于这样的企业，政府要怎么监管呢？企业缺乏减排动力不仅可能作出类似规避、偷排的高碳行为，还有可能产生以低碳为名而实际逐利的道德风险。尽管中国在碳市场建设上取得了值得肯定的初步尝试，但总体而言，目前碳市场建设仍处于一种零散的、缺乏有机配搭的状态，无论是政策、措施触及的深度，还是社会成员的参与力度，都离碳金融市场的全面突破相距较远。

3. 成本与补偿——高碳与低碳的决择

成本与收益的权衡直接决定企业的行为方向，出于"经济人"趋利性的本能,必然会追求自身利益的最大化。在传统的高碳发展模式下,企业并不承担环境污染的成本,环境成本具有外部性。因此,企业的私人成本小于社会成本,在利益驱动下,企业并没有实行低碳发展的内在动力。那如何吸引企业以及其他社会成员参与呢?这就是一个补偿机制的建立问题。

(1)一般补偿机制

目前上海、天津和北京的环境交易所正在推动一些企业进行自愿减排尝试。哪家企业会自愿进入碳排放交易系统而增加其企业经营的负担呢?即便一开始在政府部门干预下建立了初始的市场主体,但在缺乏补偿等配套政策的条件下其后续操作也将难以为继,确立碳市场交易的补偿机制就显得很有必要。作为一个区域内统一的排放交易平台,必然针对区域内所有的排放源和主体,它们既可以卖出多余的配额,也可以买入不足部分,如此才可以实现碳排放资源的最优配置,并将排放交易所得的收益用于区域内的碳排放污染治理,也就是要建立一般性的补偿机制。①

(2)特定补偿机制

除一般补偿之外,还可以建立一些特定补偿,比如技术补偿等。以低碳技术为例,低碳发展需要低碳技术创新和运用,低碳技术创新对于企业而言,意味着要增加低碳技术、设备、产品的研发与应用的投入成本,增加淘汰现有专用设备的沉没成本等。尽管这种创新活动具有巨大的社会价值,但由于创新者要承担全部的失败成本,而一旦成功,模仿的成本和创造的

---

① 李志青:《上海碳金融的背景、挑战和前景》,《电力与能源》2012年第6期。

成本相比要小得多①，加之对创新的补偿空白，其他人可以"搭便车"式的模仿来分享其成果。低碳创新的社会收益远远大于创新者自身的经济收益，这就出现了成本和收益不对称的问题。在中国，有些低碳技术已经成熟，但目前还没有得到有效运用和推广，主要因素在于极高的市场成本和收益不确定的风险。②技术创新成本与收益的不对称，使企业在缺乏相应利益刺激与补偿的情况下，对低碳与减排自然会缺乏主动性和积极性，宁愿选择维持对传统高碳能源、技术、设备的依赖，再将盈利建立在环境成本外部性基础上，也不会自愿选择低碳、参与减排。所以要对这种环境成本的企业承担提供额外的补偿机制，深入而言它更应是一种利益的开发机制，形成经济诱因对环境的正面刺激。形成买卖双方，要建立低碳技术交易机制，可以是自我投资进行新技术的研发，还有另外一方式是到市场上去买，通过交易互换产生利益空间。这种交易机制建立起来之后，对企业有激励，谁投资谁就能受益，使企业更积极地参与碳资产管理。一个理想化的碳市场形成过程是政府逐渐退出的过程，如果说政府的角色需要有所保留的话，那么在补偿机制的确立上就要求政府有所作为。在环境与经济的关系中，企业追求利益的本质不会改变，那对政府而言，通过补偿机制的建立，使企业的"黑"金变"绿"，减轻资本积累的原罪，这也是政府"善治"能力的体现。

---

① 牛桂敏：《调整利益天平撬动低碳发展》，《天津日报》2012 年 8 月 6 日。

② 比如 IGCC 整体煤气化联合循环发电系统，它是将煤气化技术和高效的联合循环相结合的绿色动力系统，既有高发电效率，又有极好的环保性能。我国从 20 世纪 80 年代起就跟踪 IGCC 技术的发展，也建成了一些重点示范项目，但由于其设备和关键技术需要从发达国家引进，IGCC 发电厂的初始造价偏高（示范电厂单位造价约是燃煤电厂的两倍），建设工期长，使得测算出的上网电价、热价不具备市场竞争力。

（三）政策与立法之谁优谁先

政策与立法各自的优势主要体现为立法的稳定性与政策的灵活性，我国政府已出台一系列的建立碳市场的相关政策：国家发展改革委 2013 年 6 月印发了《温室气体自愿减排交易管理暂行办法》，2012 年 12 月，国务院出台了《"十二五"控制温室气体排放工作方案》，明确"到 2015 年全国单位国内生产总值二氧化碳排放比 2010 年下降 17%"[①]，这些规范对促进我国建立规范的碳交易市场发挥了一些积极的作用。我国的改革之路大多是政策先行，立法跟进，碳交易试点的政策模式可以描述为"国家发展改革委的通知 + 试点地方"的实施方案这种中央通知加地方实施方案的政策模式。在政策初期，在地方层面上并没有相关的条例或者暂行办法等立法形式出现，这就是因为试点可以边试边改，如果都形成法令，则不便于修改。

从全球的气候变化应对框架来看，自 2013 年后，所有国家和地区的减排制度及总量控制都属于自愿范畴，也就是各自之前所承诺的控制目标与方式在国际上不再存在普遍的法律约束力。尽管如此，从长远来看，通过低碳立法，使碳政策目标法律化，更有利于推动碳市场的持续发展。要在一国和地区内建立有效的碳交易和金融市场，立法是减少短期减排行为的有力措施，这也是从制度上走出碳金融发展所需的最为重要的一步，这一步意味着低碳减排不仅仅只是被提倡和鼓励，如果进一步将此确定为法律条款，就是受到法律保护和限制的。

---

① 马剑芳、李新航：《〈京都议定书〉第二承诺期中国森林碳汇市场发展探讨》，《国家林业局管理干部学院学报》2013 年第 2 期。

　　政策和法律作为调整社会关系的主要手段，法律代表的是国家意志，而政策则不一定，法治社会的主要调控手段应当是法律，法律为主、政策为辅才是国家治理的常态。实际上，各国也纷纷展开研究，制定低碳的立法，全球已经出现了低碳发展政策法制化的趋势，并逐渐形成了低碳的"立法竞争"①，如美国国会通过《清洁能源与安全法》并推出《气候与能源法案（草案）》，由环境署通过《清洁空气法案（修订案）》《轻型车辆碳排放管制标准》等法律，英国《气候变化法》，建立了"气候变化税"和"气候变化协议"制度，对企业的碳减排进行鼓励；位列世界第 11 大碳排放体的墨西哥通过了《国家气候变化法》，韩国也相继通过了综合性的气候法案《气候变化对策基本法》和《绿色增长基本法》。②

三　现代化与全球化的跨越——"碳路"的方向

　　当今中国的工业化进程尚未完成，可同时又不得不加入以应对气候变化为代表的全球化竞争。随着今后国际收支平衡、贸易、汇率问题都会与碳市场形成高度关联，碳金融有可能成为未来重建国际货币体系和国际金融秩序的基础性因素，在未来国际竞争中，掌握碳市场话语权至关重要。

（一）困惑与出路

　　现代人正经历着一个与前人完全不一样的生活空间，现代

---

① 李志青：《国际碳金融体系构建中的"上海方案"》，《环境经济》2013 年第 1 期。
② 李志青：《从自愿到自觉：推进低碳发展的法治建设》，《环境经济》2011 年第 3 期。

人在当下面对的是一个怎样的世界，以及在这种情况下所感受到诸多的困惑和少量可见的出路，人类社会的未来是依赖于对当前局面的充分洞悉之后，所作出的一种未必知道是否有理想效果的承担；而全球化是把一个世界性的关系强化的过程，也是时空无限延伸的状态，同时还跨越了地域的限制。

我国的发展轨迹是一只脚踏着过去，工业化进程未完成，现代性到今天仍然在建构过程中，全球化的大势所趋又逼赶着另一只脚踏进未来。我国目前正处于工业化与城市化加速发展、新型城镇化布局的时期，资源、环境与经济发展的矛盾极为突出，以制造业和重化工业为主的高碳产业结构需要大量的石化能源作为支撑，而以石化能源为基础的产业发展又不可避免地带来高能耗、高污染和高排放，缺油、少气、清洁能源与技术的滞后以及高碳的经济结构、迅猛的城市扩张等在造成严重的生态与环境问题的同时，对能源的刚性需求也在不断激增，这些都无不对低碳发展构成严峻的挑战。上述旧的工业污染问题、资源消耗问题还没解决，新的全球环境治理问题、气候变化问题又已出现。新老问题同时存在，可以说对中国而言是同时存在于过去和未来的两个时空中，操作两种游戏：现代游戏和全球游戏。

吉登斯在《现代性之后果》中勾画了四类应对之转变，第四类型就是"积极参与型"，对现状作出实在评估后直接回所应面对的危机。与其被动等待不如主动参与，营造一个现代与未来的对话空间。在国际市场上，碳交易产品日益丰富，欧美成熟的碳市场都已经出现。目前国内的碳市场刚刚起步，被称为"有市无价"，甚至是"无价无市"的中国碳交易这一"蓝海市场"① 到底是前景不明还是大有潜力？

随着中国经济政治体制改革的推进，未来数年中国的经济社会领域的关键词是城镇化，中国要实现城镇化和农业现代化相互协调、同步发展，推动城乡发展一体化。"城镇化"必须走可持续发展之路。城镇化水平将在 2020 年达到 60%，在 2030 年达到 70% 左右，这意味着城镇化水平年均增长 1 个百分点，20 年间将转化 3 亿人口，城镇化的低碳潜力巨大，同时城镇化已不能再走 GDP 挂帅的老路，传统的 GDP 增长代价是巨大的，为此，我们不得不出台史上最严格的大气治理计划等。中国经济将依托"低碳"的新型"城镇化"来提升实体经济、引领经济增长，中国自己的碳市场一旦形成，便可以在全国范围内进行自产自销式的交易，也可以以合理的价格外销其他国家，如果说过去的增长是以排污为代价，新的模式就是靠减排拉动经济。这也意味着中国可能会有足够大的市场空间来消化低碳的发展滞后和环境问题等积弊，以实现全面、可持续的发展。

（二）不能没有"金融"的碳市场

金融作为宏观经济调节工具，具有刺激市场、调整杠杆、监督配置资源和规避风险的功能。事实上，如果缺乏必要的金融工具的支持，碳市场的发展必将受到极大制约。因此，中国在建构碳市场的同时需要同步发展碳金融市场（碳融资市场、碳基金市场、碳期货市场），需要越来越多的合规的金融机构的

---

① 参见 ［韩］W. 钱·金、［美］勒妮·莫博涅《蓝海战略》，吉宓译，商务印书馆 2010 年版。《蓝海战略》一书认为：现存的市场由两种海洋所组成：即红海和蓝海。红海代表现今存在的所有产业，也就是我们已知的市场空间，比如楼市；蓝海则代表当今还不存在的产业，即为未知的市场空间。

参与。这就要求决策者头脑里必须要有金融市场的概念，必须有流动性的概念。而流动的前提，以法学视域看首当确定碳交易的商品属性，以法律赋予其产权的合法性。

环境资本特别环境资产长期被视作一种"公共物品"，这也是造成政府垄断投资与经营、行政命令抑制经济诱因、环境外部成本极高的根本原因所在。基于环境容量资源的财产权理论认为环境容量的有限性产生了资源的稀缺性，而资源的稀缺性赋予了其可交易的内涵，使之具有财产权的性质。

从金融角度看，如果碳排放权表现出金融资产或金融工具特征，形成碳金融产品，就可以将其看作一种金融资源，并且是一种稀缺的有价资源，依托碳交易衍生的碳金融当然具备民法上的财产权。碳的资产化是一种新型的社会财富的创造和分配，要明确其财产权的性质，就必须以法律的形式明确其法律地位，碳交易的商品属性法律化能够增加它的确定性，确定"碳"产品的产权属性，保障其稳定的、权威的与可预期的合法性，再对产权加以明确，保证这一过程的公平性。给予合法性的肯定才是流动性良好的前提，确定性越充分其流动性也会越大，而流动性越高的市场越接近于金融。

故在上述产权属性及合法性没有解决的情况下，加上缺乏法律约束力，将无法使投资者对碳市场的预期保持在相对稳定的状态。中国须尽快将 7 个碳交易试点地区的标准统一，并积极制定国家层面的气候变化法，明确碳市场交易元素及其法律身份，才可能形成一个规模有序的整体化市场，也才可能保证足够的金融介入和社会参与，来确保市场充足的流动性。

（三）2020 后的展望：碳税还是碳市场

总体看来，中国的碳市场目前还处在培育阶段，未来需大力借助市场化的运作机制来激发具备市场化条件的地区和行业发展碳市场，以提高碳资产配置的效率，降低减排成本不能再单靠政府的力量。目前，开征碳税的呼声愈发高涨，一方面受固有的行政控制思维的影响，另一方面也说明了目前碳市场的流动性不够，因为没有流动性的市场是不需要碳交易的，直接对企业开征碳税是最务实省力之做法。但是笔者较为认同碳税只是一个过渡性产品，碳市场则可能在若干年之后成为最主流的环境公共产品和环境金融产品。从国际上来看，虽然全球气候政策前景并不足够明晰，但共识在增加。其他国家已经在碳税与碳市场之间作出了选择：2014 年美国加利福尼亚州碳市场将正式和加拿大魁北克省碳市场对接，2014 年 7 月 1 日，澳大利亚将把碳税改成碳交易，澳大利亚碳市场上线以后，将有望尽快与欧盟碳市场形成连接，韩国碳市场也在 2015 年 1 月后上线，并且计划要与亚太其他地区的碳市场进行连接。国际上普遍认为，碳市场的效果要远优于碳税，世界银行预测 2020 年全球碳市场预计会涨至 3.5 万亿美元。中国巨大的市场容量则非常有可能成为全球最大的碳市场，只有相互连接的市场才可能形成较好的交易性与流动性，具有流动性的市场才可能做到足够大。

中国目前的发展涉及真正意义上的碳金融的极少，绝大多数交易仍停留在 CDM 项目交易和股权转让层面上。中国已经承诺在 2020 年后有条件地进入有法律约束力的减排市场，这意味着 2020 年之后有可能是一个全面的强制减排市场，从国家战略层面制订顶层的节能减排方案应当早日纳入议事日程。

碳市场归根到底是金融市场，其运作、设计和监管都要符合金融市场的基本规律。中国目前已有明确的碳市场时间表，但不能只有发展的速度而弱于触及市场深层的力度，速度与深度的结合才能从目前的碳交易到建立碳市场直至未来与金融结合在一起发展成为中国的碳金融市场。

第八章

环境金融的法律应对

环境金融的法律原则是规则制定的来源和依据，体现着规则的基本精神和价值取向。通过整合各法律部门对环境及金融的相关规定，可以作为环境金融法律管制原则甚至可以成为今后制定单独的环境金融法立法原则的主要有：国家主权原则、全球合作原则、可持续金融原则、责任投资原则、安全与公平原则、信息公开原则。在环境金融制度设计上主要涉及环境金融交易市场法律制度的完善、环境金融合法性的确立、建立责任投资制度，通过发展金融基础市场、建立现代企业制度、金融市场逐步自由化以及多元利益相关者的参与来实现环境金融的市场完善；环境价值核算体系的建立，通过设立民主化的全球金融与环境规则制定程序、在国家主权与国情充分结合的前提下建立全球共同治理的民主化参与机制，利益激励机制与风险管理的配合。在对这些原则与制度的分析之上提出现代环境法应当完成从对立到共赢，从维护到创造，从管理到治理的三大转型。

环境法作为治理环境问题的重要部门法与研究学科，在环境金融渐进发展的当下，为其发展提供相应的理论支撑与制度支持，不仅是对气候变化与低碳经济等社会发展中出现的新型环境问题的积极响应，更是丰富环境法学自身的学科体系与完善其实用功能的重要契机。环境问题类型多样并随时代发展呈现不同的样态，与之相伴的是应对环境问题的理念与措施的变化，环境法也不应囿于传统研究樊篱，开拓创新与时俱进的新视野才是未来环境法得以立足并实现其价值的坚实基础。

"对过去，法是文明的产物；对现在，法是维持文明的工具；对未来，法是增进文明的工具。"人类发展与人类文明的几大重要阶段同时也伴随着严重的环境问题，它的解决不能以停止发展为代价，而发展也不能以牺牲环境为代价，这已成为人类共识。环境问题的解决要在发展过程得以解决，如何探索环境和经济协调发展的战略与规范，构建环境保护法律制度与规范，采取更符合生态与社会发展规律的行政、法律和经济等制度框架与措施手段来完善环境治理体系是环境法必须思考并给予回应的新命题。在当今社会转型，国际社会政治、经济秩序的重建过程中，各种类型的国际、国内问题不仅复杂且相互关联，特别是一系列复杂的环境问题逐步逼近且风险社会来临，在"牵一发而动全身"的国际格局与社会背景下，环境法不能再被视为一些抽象法律概念的简单堆积，不能再脱离社会实际停滞于一些纯粹理论与范式的争论上。作为一个独立法律部门的环境法，需要回应和关注的是社会现实需要，需要接纳与包容的是多角度多学科背景的宽阔视界。这些都是环境法之所以独立又能全方位阐释多种环境与发展相关联的问题，并从中获得创造与精彩的生命力的源泉。通过经济发展来推动环境保护，

以环境保护来促进经济发展，正是当下生态文明进程中环境法
必须肩负的使命。

第一节　环境金融的法律原则

法律原则的本质在于它首先是规则制定的来源和依据，体
现着规则的基本精神和价值取向，这是原则自身的特性。法律
原则通常具有较宽的覆盖性，它比规则更为抽象和丰富；其次
是法律原则的稳定性，作为立法的首要考量，法律原则是对所
调整社会关系的宏观指导，因而要求用它自身的稳定性去实现
社会关系的稳定。通过整合各法律部门对环境及金融的相关规
定，可以作为环境金融法律管制原则甚至可以成为今后制定单
独的环境金融法的立法原则的，主要有国家主权原则、全球合
作原则、可持续金融原则、责任投资原则、安全与公平原则、
信息公开原则。

一　国家主权原则

国家主权原则是公认的国际法的最基本原则。在国际环境
法领域表现为各国对其自然资源（包括气候资源）拥有绝对的
永久主权。国家有权根据国情制定本国的环境政策和战略，有
权根据本国的需要合理开发、利用和保护生态环境。任何国家、
组织和个人不得以保护环境为借口干涉他国内政、阻碍他国经
济发展。

之所以把国家主权原则放在首位，是因为国际社会的确存

在一些国家利用其自身强大的财力和科技，在减排问题上对发展中国家施加压力，并妄图通过环境金融这种新的经济模式形成对其他国家经济命脉的操控。从目前碳交易规则的制定就不难看出，这些规则基本上由一些发达国家发起制定，背后代表的是国际金融寡头的利益。全球经济的相互依存性并不能否定经济主权的最高性。想要在与发达国家的谈判中不吃亏甚至胜出，国家主权原则是一项重要基石。欧盟和美国相继通过监管规制的立法，对碳金融市场进行法律管制，目的在于促成其在碳交易等环境金融国际市场中的主导权。虽然《联合国气候变化框架公约》中规定了"共同而有区别的责任"的原则，要求"发达国家缔约方应当率先对付气候变化及其不利影响"，但缺乏具有可操作性的实施方案，这种"软法"规定并未对发达国家造成任何实质性影响，以2009年4月欧洲议会通过的《欧盟温室气体排放交易指令》（The Directive on Emission Trading in EU）为例，该指令计划分两期进行，两个承诺期都只涉及少数对排放有重大影响的经济部门，这种流于形式的减排，借着"环保"旗帜，暗中指向的是世界经济的控制权和国际规则的主导权。

中国是世界第二大碳排放国，减排潜力巨大，在清洁发展机制下的碳交易项目的增长是惊人的。这就意味着中国有足够的能力扮演国际环境金融市场上的重要角色。因此，不论是在签订与环境金融相关的国际条约还是在国内环境金融的立法上，都应当明确国家主权原则。环境金融的相关制度和交易措施都必须在尊重主权和独立的基础上进行。

二　全球合作原则

《联合国宪章》将"促成国际合作"列为其宗旨之一，其他国际法律文件中也重申和强调了这一原则的重要性。合作原则也是国际环境法的基本原则之一。合作的领域不断扩展，从过去的政治合作、贸易合作到如今的生态合作，环境金融的全球合作更为全面地体现了国际合作的广泛性和多元化。对于环境金融的全球化趋势而言，全球合作无疑是拓展国际市场，强化区域联盟的重要途径。

首先，环境金融的全球化和环境本身的"蝴蝶效应"决定了全球合作有必要作为一项原则加以确立。以碳金融衍生产品为例，它的出现是以碳交易为基础的，而碳交易的实质是碳排放权的交易，目的在于减少全球二氧化碳排放，它的法律属性表现为从人类所共有的大气环境资源的所有权权能中分离出来的一种用益物权，所指向的是具有公共物品性质的全球环境容量。这种全球性和公共性决定了环境金融的发展必须建立在全球范围的国际合作之上。

其次，国际法的一般义务也决定了每个国家都应当和其他国家一起合作，来解决与国际社会相关的问题。尽管在环境金融领域，各国的政治制度和经济发展水平各有不同，但由于国际环境问题的严重性与全球性，环境保护的国际合作是不可避免且无法割裂的，生态环境的系统性决定了环境问题无国界。

此外，金融衍生品市场是有着巨大风险的市场，这是由金融市场自身的紧密联系性决定的。日本海啸引发核泄漏，不仅使东京股市受到重挫，当日收盘就大幅度下滑，全球金融市场都因此遭遇猛烈冲击，这种影响和冲击持续的时间、强度和范围也不是凭一国之力能够控制的。环境金融的高风险决定了各个国家、国际组织有必要在资金、技术、信息等方面展开积极的全方位的合作。

当前的环境金融市场，从规模和区划上看主要还是集中在欧盟和美国等国家或地区的内部，各国的政府管制和制度安排各不相同，如果不能进行制度安排及法律管制的融合，就不可能形成统一的可以直接跨国交易的国际环境金融市场。要改变全球市场的分隔状态，从立法及管理的技术层面进行国际合作也是十分必要的。

需要注意的是，由于环境金融存在的基础是国际公约的存续，而框架公约并未确立可操作的标准，各国在此之上的利益诉求有所不同从而导致分歧，因此国际合作的原则必须以国家主权原则作为具体适用的前提。

三　可持续金融原则

环境金融是金融与环境相结合的产物，本质上是金融在环保领域的盈利模式、业务创新和制度安排的体现。它运用经济学理论和经济手段来处理环境问题、优化环境，实现人与自然的可持续发展。它的内涵应该包括利用创新型金融模式处理和防治环境污染，实现人与环境的可持续发展，对稀缺性资源的利用更有效率，实现环境资源和社会资源的优化配置，创造出新的盈利模式，促进经济、社会与环境的和谐发展。

对以银行业为重要组成部分的金融业而言，要适应全球化与现代化的要求，就必须采取可持续的发展战略，既要考虑当前发展需要，又要考虑未来发展需要。既要追求自身效益也要重视社会效益，从而使自身的资源优势和能力得以发挥并能良性循环和永续利用。

四　责任投资原则

金融是经济的核心之一，随着现代经济的发展，虚拟经济的作用力和制约力不可小视。金融业的快速发展为全球经济提供了发展的动力，特别是在环境金融进一步扩展的当下，金融业更有义务在其投资决策的过程中反映环境的诉求，综合考量社会及全人类的基本利益。基于此，负责任的投资也应作为环境金融的基本法律原则之一。

2006 年 4 月 27 日，联合国秘书长安南在纽约证券交易所与来自 16 个国家的金融投资家共同发起了国际"负责任的投资原则"（Principles for Responsible Investment）的金融倡议，在该原则的指引下为国际投资者提供环境、社会和企业治理方面的决策及行动指南。把环境、社会和企业治理问题纳入考量，是负责任的投资的重要体现，责任投资原则应当包括在投资分析环节、投资政策的制定和实施中以及投资信息的披露和相互通报执行结果的环节中。

我国的环境立法已经规定了企业的环境责任，一旦所开发的环境金融项目造成环境污染，该项目的所有者和管理者都要承担相应的环境污染损害赔偿责任。因此，成为对环境对社会负责任的市场参与者，不仅可以使其自身增加预防环境及政策风险的能力，还有利于树立良好健康的企业乃至国家形象。只有积极回应环境与社会的要求，才能使金融机构特别是跨国公

司的投融资更为稳健，为自身创造更多的商业机遇，保护环境
金融这一新产业的活力，使环境金融迈向长远持续的发展之路。

五　安全与公平原则

安全与公平是一对具有承接关系的概念。目前的金融业所
面临的风险不但包括市场风险、信用风险和流动性风险，还包
括企业社会责任和环境保护等新的风险，在控制风险、保障安
全的基础上才能实现利益分配和权利分享的公平。

在环境金融中，安全首先意味着金融行为本身的安全，即
金融安全，还意味着对环境和生态的安全，即金融行为本身对
环境利益是无损害甚至是保护的。稳定、健康的金融模式是经
济持续发展和环境安全的保证。任何一项金融行为都具有一定
的风险性，错误的金融决策会引发一系列无法控制的连锁反应，
对企业本身、国家或区域经济乃至全球都会产生极大的破坏性，
造成全球金融危机。环境金融衍生品市场也同样是有巨大风险
的。环境和社会风险已经成为商业银行和其他金融机构将要面
临的重要风险。因此，各国金融衍生品监管立法都强调了安全
的重要性，提出了以预防为主的金融安全原则。

公平原则也是环境金融的一项重要法律原则，环境金融立
法本身就代表了法律之于公平的基本价值。国际环境金融中公
平的重要性更加突显，良好的全球经经济秩序以及环境问题的
国际合作都需要有公平的法律规范。除去各国发展不均衡等客
观原因外，人为的制度设计不合理也是国际社会不公平问题存
在的重要因素。在国际环境金融的实践中，发展中国家其实并
没有多少话语权，重大利益的争议中往往只是少数几个发达国

家起着决定性作用。发展中国家并未获得平等的参与权和决策权，发达国家则拥有实际的控制权。因此，在与环境金融有关的框架公约、双方及多边条约、区域性合作条约中有必要突出公平原则的重要性，环境金融的国内立法一方面是将国际法转化成国内法，另一方面也要在本国的环境金融管理中体现公平，从而防止和制止垄断、操纵市场及其他破坏市场的行为，保持环境金融市场的竞争性。

值得注意的是，环境领域的公平需要区别于传统意义上的"平均"。国际环境法上有一项非常引人关注的原则——"共同但有区别的责任"原则，其来源就是环境法上的"污染者负担"原则和"受益者分摊补偿"原则，发达国家在过去的飞速发展中已经占用了比其他国家特别是发展中国家多得多的环境资源和利益，因而也要承担更大的、更主要的减排和保护全球环境的责任，这才是对公平原则的正确理解。

六　信息公开原则

环境金融信息公开是指相关金融机构、金融监管部门基于社会公共利益和环境利益的需要，将其掌握的环境金融信息依法定条件、程序、方式、时间通过适当的信息渠道向社会公布，以使公民、法人及其他组织依法获得、使用公开信息的制度模式。信息公开原则的理论基础是知情权理论。知情权作为一项基本人权，是公众参与社会管理的基础和前提。

环境金融的信息公开从宏观层面来看，应当包括环境金融项目所具体指向的环境要素的信息，具体是指相关的环境影响评价、环境标准、政策和法律信息等，还包括交易本身必须公开的信息，如交易主体资格、交易程序、交易对象等金融信息。信息公开原则的确立，能够为环境金融的公平与安全及可持续发展提供前提。作为对这一原则的支撑和配套措施，建立环境金融信息的评价体系尤为重要。目前，国内关于环境信息公开的评价体系主要有两个，一个是公众环境研究中心（IPE）与美国自然资源保护委员会（NRDC）共同开发的污染源监管信息公开指数（PITI 指数），另一个是省一级环保行政主管部门政府网站上的绩效评估指标体系。国际上比较有影响力的是巴塞尔委员会和国际证券监管组织联合会在 1998 年联合发布的《衍生品及交易行为的监管信息框架协议》，该框架明确了关于决策者和监管者的信息获取与披露的建议性规定。要提高市场透明度，就必须获取和披露交易活动的信息、了解环境金融产品的特性及可能造成的影响、交易总量、收益与风险管理情况以及尽力获取国际金融衍生品市场的交易信息。因此，建立一个相对独立又具有针对性的专业化、国际化的环境金融信息评估体系也是有关部门要着重考虑的。

纵观环境金融实践，基于项目的交易会涉及项目报批和技术认证的问题，因此，参与交易的各方包括负责营运的中介都应当在信息公开的范围内提供相关材料及核查。信息公开原则应当强调环境金融信息公开的时效性、完整性和准确性，以公开为原则、不公开为例外。对于不公开的信息界定如商业秘密、国家秘密等应当更为严格和细致，防止以此为借口而造成的信息不公开。①

以上六大法律原则既代表了法的一般价值目标，也融合了

---

① 参见李妍辉《环境金融的法律原则探讨》，《河北学刊》2012 年第 1 期。

金融学和环境法学各自的特点，环境金融法律原则的确立是对相关法律问题进行深入研究、从环境法视角对环境金融进行制度回应的逻辑起点。

第二节　环境金融的制度因应

一　环境金融合法性的确立

环境金融资产是一种新型的社会财富的创造和分配，带有财产权的性质，确立合法性的目的就是要保证环境金融产品的产权属性，合法性的确立为环境相关金融行为给予持续、权威、稳定的制度保障，必须以法律的形式明确其法律地位，保证环境金融产品作为一种新型财产的合法性和公平性。

环境金融以生态效益和环境效益为导向参与环境治理，同时实现金融与低碳产业的长远发展，达到经济效益与生态环境的统一，这种极为重要的环境治理功能大大弥补了传统金融对其环境功能的忽视的缺陷，从国际经验来看，以美国与英国为代表的发达国家都在其立法中肯定了环境金融的合法性，我国的部门规章也间接涉及了环境金融业务分支的合法性。

世界很多金融机构都针对排放权交易设计开发出专门的金融产品，我国当前的环境金融市场中除了需要引入金融创新参与环境治理的理念外，还要有目标的在金融产品的设计与开发中注入环境要素参与决策形成的机制，帮助促进政府配置资源和市场配置资源的结合、财政资金支持政策性金融机构与商业金融机构的广泛参与的结合，提高运行效率。

首先要解决的就是环境金融的合法性问题，通过制定相应的法律法规来规范环境金融市场的运作。合法性的确立从战略上明确了环境金融在法律体系中的地位，制定及修改相关的环境金融政策与立法，并将环境金融战略纳入生态安全与国民经济发展规划等顶层设计之中。环境金融合法性的确立，应当由政府界定环境资源的初始产权并建立环境能源交易市场，引导企业在现有国际金融交易机制的基础上进行环境资源交易，有计划、有步骤地稳步推进环境金融或碳金融在中国的发展。

二　责任投资制度

环境金融的环境治理功能是要形成有助于实现经济、社会和环境的综合可持续发展的格局，这决定了它不仅和其他的金融投资一样会关注市场的短期回报和经济走势，更多的重心是着力于社会、环境和伦理等责任投资原则和综合治理标准来衡量金融市场在可持续发展中的长期经营表现。目前，社会责任投资在欧美国家已经得到了快速发展。在中国，社会责任投资运动才刚刚开始。①

（一）现代金融理论的新发展

现代金融理论建立在两个基本假定上：第一，"理性人"假定。假定所有的投资者都在合理的基础上期望以效益最大化为

---

① 截至 2009 年 12 月 31 日，欧洲社会责任投资管理的资产规模达到了 5 万亿欧元，比 2007 年的 2.7 万亿欧元增长了 85%。

目标；第二，"有效市场"假定。① 如果股票市场价格可以完全反映获得的所有信息，市场就是有效市场。这使得行为人不仅关心市场主体的短期经济效益，更注重利用社会效益、环境效益和伦理综合治理来构建长期稳定的环境金融市场，从而实现经济、社会、环境综合的可持续发展。基于第一个理由，人们会权衡时间风险与收益，以最合理、最优的方式进行投资管理，理性的投资者将尽一切可能去实现最小成本和最高投资回报率，根据风险规避和效用最大化原则的投资决策，使套利行为和证券市场的价格一直在相对平衡的状态。

　　社会责任投资强调，环境金融不仅影响参与者个人的效益最大化，还直接影响社会效果或生态效果，所以"帕累托最优"② 也被引入现代金融理论之中，这种公平与效率兼顾的现代金融理论有利于社会责任投资的形成，启发人们超越经济视角，重新思考人类与环境的关系。环境金融的社会责任投资制度则有益于寻求经济效益与环境治理之间适当的平衡点。③

---

① 有效市场假说（Efficient Markets Hypothesis，EMH）是由尤金·法玛（Eugene Fama）于 1970 年深化并提出的。"有效市场假说"起源于 20 世纪初，这个假说的奠基人是一位名叫路易斯·巴舍利耶的法国数学家，他认为：有效市场是这样一个市场，在这个市场中，存在着大量理性的、追求利益最大化的投资者，他们积极参与竞争，每一个人都试图预测单个股票未来的市场价格，每一个人都能轻易获得当前的重要信息。在一个有效市场上，众多精明投资者之间的竞争导致这样一种状况：在任何时候，单个股票的市场价格都反映了已经发生的和尚未发生但市场预期会发生的事情。

② 帕累托最优（Pareto Optimality），也称为帕累托效率（Pareto Efficiency）、帕累托改善或帕雷托最佳配置，是博弈论中的重要概念，并且在经济学、工程学和社会科学中有广泛的应用。帕累托最优是指资源分配的一种理想状态，即假定固有的一群人和可分配的资源，从一种分配状态到另一种状态的变化中，在没有使任何人境况变坏的前提下，也不可能再使某些人的处境变好。

③ 张国红：《略论社会责任投资的主要经济学理论基础》，《商业时代》2010 年第 35 期。

（二）盈利与责任的共赢

作为环境治理体系的重要组成部分的环境金融是在与环境政策、环境法律制度以及其他环境经济制度的相互影响与相互依存中不断发展的，责任投资制度的确立可以直接决定环境金融进一步的创新与实践成效，责任投资制度是环境责任思想与投资责任原则在法律上的制度化。

面对世界环境危机，人类负有共同责任，而其中金融承担的角色又非同寻常。责任投资对于提供普通产品和服务的企业来说，可能仅仅是贴上环保标识和清洁生产。但对于金融这个举足轻重的行业来讲，一个具有社会责任的金融机构不仅自己要在日常运行中体现环境友好，其责任不仅仅在于自身运营的"绿化"，更重要的是在其运用资金推动环境保护方面也要有所作为，它具有的杠杆效应以及所掌控的利益传导机制可能直接影响到环境治理的效果与方向，而这点已经成为全球社会的共识以及世界金融业发展的主流。

社会责任投资制度具体到环境金融过程中，就是要在投资层面充分发挥环境金融作为环境治理的金融工具的创新功能，把环境保护纳入金融从业人员和上市公司高管的管理体系中，加大对投资者的环境教育与培养环境意识的投入，增加证券交易所、券商和基金公司以及其他环境金融投资者的社会责任投资理念。

三　环境金融的市场完善

金融资本作为发展低碳经济与环境治理的重要工具，已得到充分的理论论证及认可。金融市场作为宏观经济调节工具，具有刺激市场、杠杆调节、监督配置资源和规避风险的功能，各国均已开始认识到建立本国环境金融市场的重要性，环境金融市场发展的成败不仅直接体现了一国环境经济政策的实施效果，更是当代国际经济、政治结构变化过程中最具竞争力的资本形式。要实现企业参与环境治理的绿色发展，需要大量资金支持作为保障，构建环境金融市场制度是带动当代世界经济与环境可持续发展的一项重要突破口。环境金融市场的建立与完善主要包括金融基础市场的建设与发展、现代企业制度的确立、金融自由化的稳步实现以及利益相关者的环境治理参与。

（一）发展金融基础市场

环境金融市场是在基础商品或资产市场之上构建的，基础金融市场的发展及监管是环境金融能否快速发展的技术支撑，没有发达的基础金融市场，环境金融也会失去存在和发展的前提。健全与稳固的基础市场可以为各类环境金融形态与产品提供市场容量、较好的流动性与正常的价格机制，才有可能促使环境金融交易的成功，从而发展为良好的环境资本化市场。所以，要发展环境金融市场首要的是健全基础金融市场的体系及法规。

（二）建立现代企业制度

现代企业制度一旦缺位，就会直接造成环境金融市场合法与理性主体的缺失，市场主体合法追逐利益最大化、以理性的交易人活跃在环境金融资本市场的一个前提就是它必须是具有明确产权属性的现代企业，如果现代企业制度在市场行为中缺位，那么环境金融市场从其发展之初充满的就是非理性的投机商，过分投机会直接导致这一市场的混乱无序与金融操纵，一个由大量非理性主体参与的扭曲市场自然不能支持环境金融市场的理性运转，在违背市场发展规律的同时也无法实现经济工具的环境治理功能。

（三）逐步实现金融业相对自由化

环境金融可以说是金融创新的代表产物之一，而创新的动力自然是源于自由竞争。金融领域的适当监管与金融市场自由竞争的合理性的搭配也离不开中间业务的多样化，作为关系到国家经济安全稳健运行的核心要素之一的金融业在世界各国受到国家监管的程度各有不同，在我国还没有实现金融业的适度自由化与业务综合，这一类国家法律产品的严格管制有其历史背景，但长期如此，形成合理的环境金融市场可能性将会变小，这种现状的持续也意味着我国将进一步失去在国际环境金融领域中的竞争力与主导权。①

应当指出的是，我国在环境金融市场建设上已经进行了一些值得肯定的初步尝试，但是，建立环境金融市场是一项全新又具有极大挑战性的领域，不仅需要来自国家层面的顶层设计引导，还需要地方各级政府及相关职能部门的密切配合，同时还应适时适度地考虑与国际现有环境金融市场机制接轨。目前，我国已经开展了环境产权交易的各地区试点，这种以试验性模式建立的环境金融市场，结合了政策与法律的灵活性和稳定性，

---

① 洪治纲：《国际金融衍生品监管法基本原则探析》，《湖北社会科学》2007 年第 2 期。

以局部试点的方式实践相关制度与模式设计的合理性在于，一方面，获得市场的反馈，试点中的各种问题能够及时得以发现；另一方面，带动市场参与者适当参与，来熟悉和了解相关的规则，及时完善机制设计中存在的问题。

四　环境价值核算体系的建立

在对自然环境的长期利用和改造过程中，人们往往只注重自然资源的直接使用价值，而忽略环境的其他价值。在对待环境的问题上，人类习惯于从道德、环境伦理原因来解释为何要保护环境；实际上，经济原因的解释则更具有说服力。根据本书第二章相关的理论分析，可知环境的价值可以从不同的角度来论证其来源问题，并且依据货币价值理论是可以在合理的范围内对特定的环境要素进行估价的。

自计量经济学产生之日，作为国民经济核算核心指标的国内生产总值（GDP）就没有将经济发展的环境代价纳入考虑之中，GDP 也因此开始受到质疑，从 1998 年 5 月底"伦敦小组"召开会议时就已经开始进关于环境估价的讨论。以世界银行为代表的金融机构开始主张建立"绿色国内生产总值"和进行环境估价。

绿色国内生产总值（Adjusted Environmentally Domestic Product，简称 EDP）开始进入社会经济发展的成收益计算之中，传统的以单一 GDP 论证经济增长速度的观念与制度开始被 EDP 这种在 GDP 的基础上扣除了环境资源与环境维护成本的更接近经济发展真实水平的核算指示所补充。国际上已经展开了理论和实践上的诸多尝试，并初步确立了环境价值核算制度，中国也在积极推进绿色 GDP 的核算。显然要对生态系统内的所有环境要素进行价值评估，从技术上及制度上都不可能完全实现，但至少可以对自然资源的破坏、损耗进行一定的货币估价。能否对环境成本进行价值核算成为 EDP 核算的关键，在这一过程中，环境资产的定价、环境成本的计量一直都是重点研究对象。

环境经济核算领域最具代表性的研究，要属联合国统计署等于 1993 年开发的环境经济综合核算体系（SEEA），以及联合国统计署（UNSD）开发的环境统计开发框架（FDES）和经济合作与发展组织（OECD）开发的"压力—状态—反应"框架（PSR）。① 环境价值核算制度致力于分析环境、经济政策、公民生活与消费方式及其环境意识对可持续发展的实施程度及影响，用更为科学、准确的经济数据来量化市场行为对环境的影响，从根本上说明经济和环境之间的相互关系、相互作用。

主要体现为：首先它将环境信息和经济信息相融合，环境与经济之间可能得以协调来缓解其固有矛盾必须满足的一项前提条件就是环境信息与经济信息的对称互通，只有当这些信息能够充分放于一个统一的结构中进行分析与决策时，才能全面、科学地分析环境治理中的决策与实施过程对经济产生的抑制或促进作用，以及经济政策的形成对环境、生态的正负外部性。

其次，弥补国民账户体系（SNA）在测量可持续发展上的

---

① 环境经济综合核算体系（SEEA）是以国民经济核算的基本理论为基础，以环境估价为核心，以环境调整的宏观总量指标为综合目标，借助内部卫星账户和外部卫星账户，对环境资产进行全面核算，从而为可持续发展提供系统性的实物型和货币型数据支持。联合国统计署（UNSD）开发的环境统计开发框架（FDES）和由经济合作与发展组织（OECD）开发的压力—状态—反应框架（PSR）是目前主要的环境指标体系。这两个体系可以为可持续发展提供各种实物型数据和有关的综合信息。参见张建华《环境经济综合核算问题研究》，博士学位论文，厦门大学，2002 年。

缺陷。① 环境价值核算制度则有助于弥补"唯 GDP"在可持续发展上的缺陷，能够相对客观地评估在生产与经济增长过程中，如何才能最大化、最高效地减少资源耗损和环境恶化。

再次，环境价值核算有益于丰富可持续发展指标。所谓"可持续发展指标"是指：从经济、社会、环境和制度等方面全方位地考察及评价人类社会发展的可持续性，特别是评定发生在环境方面的情况并监督其发展。尽管可持续发展指标要更为宽泛地包含环境和社会问题，应当将环境与经济的总体价值放在一个共同的体系下，但是可持续发展指标仍然只是着眼于一些特殊问题并就此确定采取应对行动的领域，使环境与经济的总体价值缺乏应有的相容性。最后，它有助于分析现有政策、预测政策的执行结果并考察政策的执行效果，如环境制度的作用和环境破坏控制等，为环境和经济政策的制定提供合理的数量依据，为环境与经济决策者提供信息和咨询。

当然，对于环境价值的全盘量化尚无定论，同时也是理论界尚待解决的难点问题，但是，可以在合理的范围内对一切可能进行估价的环境因素作出估计，环境金融的实效评价标准也是基于环境金融政策及产品的经济价值与环境价值的比对，通过相对科学的环境价值核算可以为环境金融提供更直接的绩效分析数据，为其进一步的发展与创新提供客观依据。

---

① 国民账户体系是对国民经济活动进行综合考察和统一核算的制度，亦称国民核算体系或国民经济核算制度（SNA），是国民收入和产品账户（National income and product accounts，NIPA）的简称，是测量 GDP 的基本方法和框架。SNA 依据西方经济理论，认为所有生产物质产品的活动和提供劳务的活动都是生产活动，将凡是从事生产活动的公私企业、机构和个人都列入生产部门，一切生产部门活动的成果都是社会产品，社会产品总量是物质产品价值和服务活动价值之和。传统 SNA 的基本目标只限于给出宏观经济总量指标，如测量 GDP 的方法与框架，却没有适当地考虑环境成本与环境资产，因而不能很好地解决可持续发展的问题。

五　全球共同治理的民主化参与机制

（一）制定国际金融与环境规则过程的民主化

如前所述，在环境金融领域的发达国家凭借其雄厚的资源和技术优势在国际经济与金融领域长期占据主导地位，而由于历史原因和不合理的世界政治与经济秩序，使得发展中国家在现行体制下一直处于劣势地位，这种劣势在于发展中国家技术开发的能力和环境法律体制不完善以及金融市场的不成熟。现行一些国际规则与标准不能较合理地反映发展中国家和转型国家的观点，以发达国家为主导制订的国际规则与标准以及以此形成的现有国际环境金融格局对公平维护全球所有主权国家的环境金融利益是一种极大的阻碍。

这种由西方和工业化国家决定国际规则与标准并试图将之强加给世界上其他主权国家的规则，其正当性在环境问题的全球治理中遭到了质疑，与此相应，制定国际规则过程的民主化被强烈要求，发展中国家和转型国家的代表也有权参与国际规则与标准的讨论、修正与订立。

（二）国家主权与国情的综合考虑

适用国际规则与标准，以何种方式、何种深度参与国际环境金融，各主权国家必须结合本国的具体情况与实际能力予以全方位的综合考虑。国家仍将是全球环境治理最主要的主体。一方面，按照国际法准则既要承认国际公约、条约、框架性议定书的普遍性，又看到不同国家具体情况的特殊性，将普遍性与特殊性相结合，在国家主权原则的基础上充分考虑一国的实际情况和所要承担的风险。应当在本国的法律原则或法律规则的框架内，有条件地吸纳国际规则中合理的部分，使之与本国法律、政策及其他现实情况相协调，主动地适应国际环境金融的规则与市场秩序。在国际法领域，以国际标准为例，当前一些主要国际标准中都有考虑到不同国家具体条件的条款。①

（三）全球环境治理规则的建立

环境问题涉及"人类共同利益"或"人类共同关切"，例如气候变化、生物多样性等。在前述制订规则程序的民主化与对国家主权与国情的综合考虑基础之上，许多学者也认为对国家主权原则的适用有必要加以一定的限制且不可滥用，特别是对全球环境问题而言，全球环境规则的确立在考虑各国的特殊情况时应当有一定的限度，应该将其限于"非核心"标准范围内，对于一些原则性标准的确立不可随意以国情不同为由加以更改或否认。在环境金融中，例如反腐败、洗钱和恐怖分子融资犯罪以及透明度要求、实质信息披露标准、真实的会计和审计实践要求等相关规则，这些"核心标准"的灵活性和伸缩性就不宜过大，否则会影响其效果。②

"全球治理就是在已有国际机制失灵的情况下，试图在全球层面上，通过改革重建一套全新的更有效的管理和解决全球性

---

① OECD 的《公司治理原则》序言中就指出："不存在良好的公司治理的任何简单的模式。本原则无约束力，其目的也不在于为国家立法作出详细的规定。它们的目的在于作为参照。当决策者开发和审查他们公司治理的法律与管制的框架，反映他们自己的经济、社会、法律和文化条件时，本原则能够为决策者服务。当市场参与者发展他们自己的实践时，本原则也能为他们服务。"参见朱景文《国际标准和中国的法律改革——以贸易、金融和公司治理领域为例》，《法学家》2003 年第 3 期。

② 朱景文：《国际标准和中国的法律改革——以贸易、金融和公司治理领域为例》，《法学家》2003 年第 3 期。

问题的国际机制和国际制度。"① 因此，全球化是世界问题解决方式发展与探索的必然趋势，它改变及影响着世界的各个方面，越来越多的超越民族、国家的人类参与互动，也给环境治理带来了巨大的机会，开辟了一条解决一系列迫切的世界性环境问题的道路。但同时，全球化又产生着新的世界性问题，全球环境成为国际上一直备受关注和日显重要的问题。这种力图"超越狭隘的民族与国家视野用统一的全球视野来审视、分析和解决当前面临的各种人类发展与环境、社会问题"② 的思路要想取得成功及实效，必然以全球环境治理规则的建立为前提。

全球化在各个方面的发展将进一步促成全球环境治理的实现，与经济、政治、文化等方面的全球化相比，环境治理全球化这一关系人类生存与发展的基本问题无疑是应当最先予以实现的，全球性的环境危机与人类环境意识的进步也使它成为其他任何方面的全球合作与发展的良好基础。随着国际环境条约与规则制定的快速完善，尽管国家仍将是全球环境治理和其他国际合作中最重要的行为主体，但是国家的"统治"和"管理"方式在全球环境治理的"治理"秩序下得到修正，它明显改变了各国政府过去那种对一切权力完全垄断的合法性，在规制与权利的参与主体中得以扩展，各种 NGO、跨国公司、私人企业、利益集团、其他社会团体都可以广泛参与治理过程。

从国际法的发展现状上看，为保证条约的正常履行，国际

---

① ［瑞士］皮埃尔·塞纳克伦斯：《治理与国际调节机制的危机》，俞可平主编《治理与善治》，社会科学文献出版社 2000 年版，第 238 页。
② 郁建兴、刘大志：《治理理论的现代性与后现代性》，《浙江大学学报》（人文社会科学版）2003 年第 2 期。

法规则也采取了各种办法和程序。① 在国际环境法领域，"条约
必须信守"原则是已经确立并得到公认的国际法原则。② 但是，
目前普遍存在的问题就是缔约方在自觉履约上缺乏足够的利益
驱动力，促使其履约的方法存在局限。③ 建立"遵约程序"已
发展成为国际环境立法的一大趋势，为国际的互信互赖创造条
件，从而确保国际关系的稳定和全球环境合作的维持。④ 对国际
环境条约的遵守也是国际社会在环境治理特别是在环境金融问
题上进行合作的保证，有必要建立一种全球性的程序和机制来
促进条约与规则的遵守，在全球环境治理规则的形成过程中，
各国都应采取更为密切的合作。

在法律层面上，法律的改革与发展不应当还像 20 世纪 60
年代那样采取"西方中心论"的主张，认为全球的法律发展只
有一种普遍适用的模式。作为国际合作高级发展形式之一的环
境全球治理，它的全球模式也将是国际环境金融运行的重要参
考，各行为主体都将接受统一的环境保护规则和与之相关的环
境金融参与机制，但同时，国际法更应当关注每个国家的法律
制度都有自己发展变化的特殊过程，对环境治理的全球化要采
取多元主义的观点，从理论和实践上构建全球性的合理规则来

---

① Gunther Handl, "Compliance Control Mechanisms and International Environmental Obligations", in Paula M. Pevato ed., *International Environmental Law* (The Library of Essays in Environmental Law), Volume I, Ashgate Publishing Limited & Dartmouth Publishing Company 2002, p. 348.

② ［日］松井芳郎等：《国际法》（第 4 版），辛崇阳译，中国政法大学出版社 2004 年版，第 194 页。

③ *Compliance with International Standards: Environmental Case Studies*, in http://heinonline.org.

④ ［英］詹宁斯、瓦茨修订：《奥本海国际法》第一卷第二分册，中国大百科全书出版社 1995 年版，第 656—658 页。

实现环境治理在全球范围内所要达成的目标。

六　市场与政策的多重利益激励

（一）市场激励

环境治理的金融手段相对于政府行政性的约束惩罚机制来说是一种激励机制，它利用信贷、证券、保险等经济政策，以经济诱因和利益共创引导和规范各类经济行为主体的活动，推动实现环境与经济协调发展。

1. 盈利机制

金融机构作为一种营利性机构，它与政府的公共服务和权力管制的根本区别在于它的盈利功能。传统金融和其他行业一样，它们支持环境保护，把环境保护视为一种提升行业社会责任形象、免除造成污染等环境不当行为而不得不作出的牺牲，而环境金融在思维方式与运行模式上与之有着根本的区别，它不仅关注了金融行业发展必须要承担的环境成本，也关注了其他行业、企业等市场主体在环境成本与利益之间的合理需求平衡，通过开发创新型的金融产品和服务把环保从不得不付出的经济发展成本成功打造成一种新的盈利机会，促使人们减少碳排放、保护资源与环境，实现环境治理的目标。因此我国也应从建立环境金融的中介服务与市场体系入手，鼓励银行业等金融机构进行环境金融服务和环境金融产品的创新，并在制度上构建发展环境金融的激励性机制，以应对气候变化危机和全球环境治理的挑战。[①]

---

① 邓莹：《构建我国环境金融的战略思考》，《财经问题研究》2010 年第 7 期。

2. 多元参与

在环境治理进程中，我国及众多发达国家都制定并实施了公众参与政策，环境金融领域也需要确立金融市场的公众参与政策。多元化的参与主体可以充分发挥金融市场特有的信息反馈机制与传递功能，公众积极参与和监督环境金融市场，一方面可以降低行政监控的成本，另一方面，金融与环境综合信息的公开，使得公众可以通过有效途径，直观掌握企业经营中的环境风险和投资项目的金融风险，多元参与的制度能够直接影响环境金融主体的市场竞争力（例如通过股价反映公司的经营情况）进而间接激励低污染的绿色生产，是相关环境经济调整手段真正发挥作用的重要保证。

（二）政策激励的必要性及作用路径

金融机构愿意参与环境治理、承担环境社会责任的意愿基础，从表面来看为提高企业负责任投资的社会声望，但最为直接与实际的目标还是通过各种措施来更好地对本行业的风险和战略决策进行管理，但是，由于除少数发达国家外的大部分国家，经济的增长仍严重地依赖生态环境与资源能源，全球的经济发展仍然没能跳出高能耗、高排放、高污染的怪圈。环境金融就意味着放弃这一部分高能耗市场的份额，进而也导致放弃这部分的盈利，而推行环境金融最重要的原动力还是可营利性对企业的刺激，这种环境金融成本与收益的不确定性也导致了来自金融机构及市场内部的自身动力不足。

因此，政策激励的必要性就表现为：一方面是国家政策对环境金融与环境治理相互关系的承认，由政府首先作出引导，给公民社会以公信力来支持环境金融的发展；另一方面从金融机构经营主体的角度来看，由于投资偏好、信息平台欠缺、外部性的内部化等因素导致不同类型金融工具需求存在差异，仅仅只由金融机构或其他投资主体来承担环境社会责任与金融风险，其作用是有局限性的。市场激励之外还需要政策激励作为有效补充。

环境金融的发展需要公共财政资金发挥对私人资本的撬动作用。很多环境金融投资项目中的新技术与公共财政机制相配合才能有效推动环境金融的发展。以可再生能源的融资项目为例，必须经过研发、示范、展开、扩散、商业化等至少五个阶段，才能实现从新技术的研发、应用到商业化、市场化。在早期，从研发到应用这一阶段，由于新技术的不确定性所隐含的高风险，如果没有政策与公共财政资本的良好引导，私人资本往往会望而却步。公共财政可以通过财税杠杆调节私人资本，只有具备这种风险分担的政策机制才能激活市场机制，使得新技术的投融资变得快捷高效，从而加快节能环保技术的创新与发展，以使其从研发这一初级阶段顺利过渡到向商业化扩散的成熟阶段。[①] 此后，公共财政还需要进一步消除商业资本流动的障碍。对环境金融的市场化而言，财政激励机制与市场激励机制均是不可或缺的利益催化体。

七　风险管理——环境金融的 SEA

风险管理一直是国际金融衍生品的立法和实践中重点关注

---

① 张雪兰、何德旭：《环境金融发展的财税政策激励国际经验及启示》，《财政研究》2010 年第 5 期。

的对象，所谓良好的风险管理系统（Sound Risk Management System）是指金融市场参与者内部应有一套完善的风险管理体制。对环境金融而言，良好的风险管理系统是金融行业自律、市场约束及环境风险预防原则有效运作的前提。

巴塞尔委员会和国际证券监管组织联合会于 1994 年就联合发布了对金融衍生品风险监管的指南①，香港金融管理局也于 1996 年制订了对风险管理系统的标准。参考这些国际指南，良好的环境金融风险管理系统应当包括以下三项重点内容：

第一，强调机构高层管理人员在金融产品交易中的作用即金融业的行业自律性。高层管理人员应了解自身的机构风险承受能力，建立适当的交易批准内部政策和授权程序，以确保所进行的环境金融交易的风险与自身承受能力的一致性。②

第二，承担损失的资本充足率保证（Sufficient Capital Withstand losses）。金融机构必须要有充足的资产作为承担可能遭受损失的担保，使资产对其风险的比率维持在一定水平之上。仅依靠高层人员行业自律完全不足以建立起良好的环境金融市场监管制度。为此，全球各个国家的金融体系基本都设有以商业银行为主的金融机构资本充足率的要求，并以此为标准监测金融业抵御风险的能力。1996 年巴塞尔委员会对其 1988 年的资本协议进行了修改，2010 年又达成了《巴塞尔协议 III》，增加考虑市场风险因素以防范金融衍生品风险的规定。香港金融管理局采用的也是巴塞尔委员会关于资本充足率的相关规定。

第三，不断提高的市场透明度（Increased Market Transpar-

---

① *Risk Management Guideline for Derivatives*, July 1994.

② 洪治纲：《国际金融衍生品监管法基本原则探析》，《湖北社会科学》2007 年第 2 期。

ency）和良好的外部监督。首先，决策者和监管者应尽力提高自身对环境金融市场运行及管理方面的知识，了解环境金融产品的特性及其对银行、证券等金融机构、市场及环境可能造成的影响。[①] 其次，尽量获取和披露有关金融衍生品交易活动的信息。最后，建立环境金融监管的有效机构。

（一）环境金融预先评估

预先评估制度主要由环境影响评价制度延伸而来，包括了具体的环境金融项目环境评价和金融行为战略环境影响评价两方面。环境金融项目环境评价是以单个的金融交易项目为核心的进行环境影响评价的方法，项目环评已被全球 100 多个国家推行采用。随着环境问题由前期的"短期、急性损害"向"长期、慢性损害"转变，由局部环境问题向全球环境问题扩散，环境影响评价的范围也开始由单一的建设项目层次的环境评价逐步扩展到区域、行业规划、政策层次，并由此产生国家与全球战略层面的环境评价（SEA）。SEA 的评价理论与方法体系主要包括评价者、评价对象、评价目标、评价因子、评价标准以及评价方法六个要素，对区域性、全球性的可持续发展、环境政策、发展战略进行评估。

目前我国也提出了一些可持续发展评估、生态城市建设、环境影响评价（EIA）的指标体系等，但总体来看，SEA 仍处于研究的初级阶段，环境金融的 SEA 虽然尚不具备实际操作性，但可以以 SEA 作为衡量金融机制对环境影响的总体指标。

---

① 巴塞尔委员会和国际证券监管组织联合会于 1998 年联合发布了一个框架，就决策者和监管者如何从机构中获取信息、获取哪些信息，作出了详细的建议性规定。

在进行环境金融项目投资评估时，环境本身的因素以及金融风险的影响越来越大，因此光靠财务可行性来判断一个投资项目是否可行已然不足，其环境影响也要进入投资评价的范围。随着全球环境治理的深入与环境金融的进一步发展，在充分借鉴和比较国际上较为成熟的环境金融准则的基础上，还要对这些已有的标准进一步细致化、增强可操作性，如"赤道原则"、国际主要行业的环境、健康与安全指南、污染行业信贷指南等，限制污染环境、破坏生态的项目投资，引导金融业向环境友好的产业和项目投资。由环境因素导致的投资问题使得环境金融项目投资的未来现金流变得越来越不确定，所以对企业环境违法和环境风险等级的划分也急需完善，才能更好地为环境金融提供预先评估标准。

（二）　环境金融的风险监管

环境金融的监管方式主要有外部监管与自律监管。从历史发展来看，对金融活动的规制最初发轫于对金融活动参与者自律的要求。然而，任何行业的自律行为都不可能完全有效，缺乏恰当的外部监督会导致行业风险与不正当交易的产生。如何行之有效地组合并运用这两种监管方式，使之共同协调地在环境金融监管中发挥作用，从而形成能够有效运行的环境金融市场监管体制仍然是各国监管当局急需解决的问题。

在环境金融全球化监管目标下，我国的金融机构也应当肩负起积极监督的重任，而建立我国的环境金融监管机构是当务之急，以监督金融机构实现相关环保措施，完成其参与环境治理的任务和使命。

首先，在现有的金融监管框架的基础上根据环境金融活动的特点来建立金融监管系统；其次，披露制度的进一步完善：
应以法律的形式明确金融信息的公开制度。目前比利时、法国、
瑞典、美国和其他国家的政府在金融机构和投资者披露财务决
策涉及社会和环境或道德因素方面做了具体的要求。此外要加
强如银行监管组织、"地球之友"、世界野生动物基金会等非政
府组织的社会监督力度；最后，建立环境金融数据中心、形成
环境交易信息交流平台。财务评价要从风险管理、减少获取信
息成本出发。由于引发环境问题的各要素构成与关联的复杂性、
环境金融交易类型与产品的多样化，建立一个全球和区域环境
的财务数据中心，并建立相应的国际数据处理设施，必须在充
分利用全球或区域性的公共资源平台基础上才能作出准确的金
融评估。这也有利于对环境金融的参与者进行信用评级，建立
更大范围的环境金融信用机制。[①]

（三）国际借鉴与合作

除上述两点外，对环境金融的风险管理还应当重视对国际
经验的借鉴与应用，获取充分的国际金融市场的交易信息才能
更好地监管环境金融体系的运行。

国际金融监管法的基本原则主要包括风险预防原则、系统
性监管原则和监管合作原则。由于金融机构的高风险及破坏力
极大，可能引发一系列无法控制的连锁反应，导致全球性风险，
而环境金融市场又有着巨大风险的市场，因此，各国的金融监
管法都坚持以预防为主的原则。在环境金融市场中，其构成主

---

① 张雪兰、何德旭：《国外环境金融的困境与应对举措》，《经济学动态》2010 年第
11 期。

体要形成完整的供需链条，主体必须由多方构成，环境金融交易形式的多样性更是基于金融创新的活跃程度产生，多种因素共同作用才能有机整合环境金融，因而，对环境金融风险的监管也应进行系统化管理和监管的国际合作。

监管的系统性表现为：在环境金融市场中，其构成主体要形成完整的供需链条，主体必须由多方构成，环境金融交易形式的多样性更是基于金融创新的活跃程度产生，多种因素共同作用才能有机整合环境金融，因而，对环境金融风险的监管也应进行系统化管理，所有的市场参与主体都应纳入监管范围，所有的风险类型及其应对都应做好充分的准备。①

金融市场自 20 世纪 80 年代以来就进入了全球化、国际化的发展阶段。这种发展模式使得传统的一国监管难以适应市场发展的要求，需要世界各国进行监管与风险控制上的合作。

国际合作主要包括以下两点：

首先，要建立监管国际标准。由于各国金融监管法律制度上的本土化差异与金融全球化的非同步性，建立环境金融监管的国际规则与标准既可以创建公平的国际竞争环境、降低金融风险的发生概率，又有助于促进环境金融国际市场体系的建立，避免一些可能出现的严重扭曲的无序竞争。

其次，共享监管资源信息分配金融的国际化和全球化时代，不可避免地存在国际金融的监管真空，保证有充足的能力与全面的资源用于监管金融市场上的所有主体是任何单一的监管者都难以实现的，而建立良好的风险管理系统、保证充足的资本、

①　市场风险是目前环境金融最主要的风险表现形式，其中风险类型还有信用风险、流动性风险、操作风险、法律风险、国家风险、信誉风险等。参见杨宏芹、洪治纲《国际金融衍生证券监管法的基本原则初探》，《世界贸易组织动态与研究》2004 年第 5 期。

保持和提高市场的透明度、完善信息披露是对环境金融理性发展的必要支持。当前金融发展的国际化与一体化也要求我国的环境金融相关立法要充分吸收和借鉴国际市场的交易与管理经验，能过信息共享或信息交换进一步实现国际监管资源的分布平衡，要提高风险管理效果，合理借鉴他国以预防性为主、系统性监管、注重自律与市场约束和效率性的风险管理体系。

第三节　环境善治与政府环境责任

现代意义上法律特别是环境立法应当超越过去的关于发展经济和保护环境一元论中到底谁该优先的争论，为可持续发展理论为环境立法提供了新的思路，环境金融的发展对环境法的供给制造一种积极的效应。目前环境金融兴起并显示出强大的生命力，展望未来，谁能抢先发展环境金融，在某种程度上可能意味着谁就拥有了市场，就占据了环境保护政策与法律的有利地位。目前，世界各国都意识到了环境与经济、社会协调发展的重要性，有意识地将二者的对立与矛盾转化为利益的融合与共赢。尽管这并不绝对意味着二者的同质转换能够根本性地解决环境问题，但也为我们所乐见其为人类提供了一种新的调适经济发展方向与解决环境问题的可能性：在制定经济和社会发展决策时，把发展生产力与实现人类社会的可持续发展作为根本目标，坚持环境保护与经济、社会发展的综合决策。对此，环境法的调整范围也得到扩展，环境法也从原有的单一的环境保护功能开始向环境治理与促进可持续发展的复合功能提升。

随着治理理论和新公共管理理论的兴起，政府开始重新定位自身角色，有些国家也意识到，孤立地针对某种环境介质努力并非高效率的环境保护方法。由于政府本身的垄断性，环境要素的不确定性与信息的不完全性，环境问题的外部性等制约因素，政府和市场的失灵使得选择多种组织形式提供环境这种特殊公共物品和服务成为一种必然。环境治理理论正是基于政府失灵和市场失灵，在寻求政府、市场和社会的有效合作过程中发现的"第三项"[①]，以管理为主导的政府垄断模式开始向多元主体共同参与的治理模式转变。

以美国为代表的英美法系国家的环境管理多是从对环境要素的公共行政行为入手，注重对政府行政权力的限制和对公民环境权的保护，其环境管理与公众共同治理基本上是同步的，多表现出以问题为导向、更为务实的趋向；以德国为代表的大陆法系国家的环境管理则更多的是从传统部门法中寻求环境问题的应对方式。注重对传统法学理论的研究，力图探究原则制度背后蕴含的背景及其深刻的理论支持。相比西方国家，我国环境法的发展，走的是自上而下的"政府推进型"路线，无论是环境立法、环境司法还是环境行政权的配置与使用，都不是发端于市民社会或者经济主体，而是一种由中央政府、全国人大推动，地方政府实施的政府主导制。这一点也可以从我国环境政策的全面覆盖以及环境管理机构的庞杂中得以体现。

一　环境管理的失灵

在我国，对环境问题的研究，既有根植于大陆法传统形成

---

① 岳凯敏：《治理语境下的中国政府能力》，《宝鸡文理学院学报》（社会科学版）2005 年第 3 期。

的对环境法律体系形式完整性和逻辑自足性的追求，也带有一定程度以问题为导向的突发奇想的理论创新，这可以说是两大法系思维方式和研究路径的融汇，同时又在两方面都有着先天不足，因而很难将二者的精髓和优势贯通。在我国，国家和政府不可避免成为环境立法的主要推动者和决定力量，带有浓厚的行政色彩。根据《环境保护法》规定，国务院环境保护行政主管部门对全国环境保护工作实施统一监督管理。环境管理主要是指国家环境保护行政主管部门运用计划、组织、协调、控制、监督等手段，为达到预期环境目标而进行的一项综合性活动。对环境进行管理较多采用了行政性手段，在尊重市场规律、发挥市场和社会的调整机制方面做得不够，特别是社会公众在环境管理及相关事务中进行参与和决策，并据此享有和承担的法律权利和义务的途径过窄，有时甚至形同虚设。

由于政府垄断性的存在、环境要素的不确定性与信息的不完全、不对称等制约，政府在提供公共产品的过程中其能力要么过剩要么不足，看似强大但在解决实际问题上又非常脆弱。在我国尤为如此，政府并不能通过"有形的手"将资源的配置达到最优。[①] 环境问题的外部性和自然资源的复杂性，使得某些环境要素难以进入市场或者说这个市场根本不存在，不能通过市场配置进行交易，即使进入市场后，由于产权不明确，交易成本过高等问题也使得单纯的市场调节同样面临失灵的困局。

二者的失灵主要表现为对环境负外部性的漠视，以"经济人"理性为前提的利益最大化导致"公地的悲剧"。政府对环境

① 陈瑞莲、刘亚平：《全球化时代的公共行政：危机与重构——从价值观与合法性的视角看》，《中山大学学报》（社会科学版）2003 年第 2 期。

这种特殊公共产品的供给不足或提供过度而造成的分配不合理，环境信息公开程度不够，公众参与环境决策程度较低等。选择多种组织形式形成人类其间关切的全球环境治理来应对和解决环境问题已成为一种必然。

二　环境治理的演进

治理理论是人们基于政府失灵和市场失灵，在寻求政府、市场和社会的有效合作过程中发现的"第三项"。治理理论发端于 20 世纪 90 年代初期的欧洲。经过近 20 年的发展和论证，现已逐步成为社会发展包括对环境事务的处理中的一个重要理念和价值取向。许多机构或学者都尝试作出关于治理的定义，其中具有较高代表性的是全球治理委员会在《我们的全球伙伴关系》的研究报告中对治理的定义："治理是各种公共的或私人的个人和机构管理其共同事务的诸多方式的总和，是使相互冲突的或不同的利益得以调和并且采取联合行动的持续的过程，既包括有权迫使人们服从的正式制度和规则，也包括各种人们同意或以为符合其利益的非正式的制度安排。"

"它不是一整套规则，也不是一种活动，而是一个过程；治理过程的基础不是控制，而是协调；治理既涉及公共部门，也包括私人部门；不是一种正式的制度，而是持续的互动。"① 这些特征在环境治理中体现为环境治理的综合性、动态性与区域性，因而更加需要全面的规划、合理的布局以及多元参与。

基于以上对于治理的认识，并结合环境属性的公共性与公

---

① 全球治理委员会：《我们的全球伙伴关系》，牛津大学出版社 1995 年版，第 23 页。

益性，环境治理之所以在国际社会的呼声愈发高涨是因为它具有极大的涵盖面和有效的协调性，重新界定了政府、市场与市民社会在环境领域的相互关系，为解决环境问题提出了一种有效的框架和手段。

三　治理与管理的区别

治理是社会系统要素之间的协调，对话和谈判要求广泛的共识和参与，其涉及的主体之间的互动是非常广泛的。治理要讨论的是"关于规则本身的游戏"，管理涉及的是"如何遵守规则的游戏"。二者的主要区别表现在以下几个方面。

首先，表现为治理的多元化。治理理论扬弃了垄断式行政管理"一条腿走路"的方式①，将市场和政府以及第三主体（其他机构和组织）纳入其中，形成多元化多层次的环境调整体系。在对生态环境的治理上，市场与政府的力量始终无法从根本上解决环境恶化、资源耗损的问题。而环境治理则是采用合作、对话和谈判的方式，使各类主体共同参与决策过程，以期达成对环境决策结论的共识。只有通过有效的环境治理，使政府、市场与公民共同努力，并且制定实施以市场机制为基础的政策措施，才能使环境保护真正发挥出多元化的社会自主力量，从而确保环境保护法律制度趋于成熟，实现环境、经济与社会的可持续发展目标。

其次，表现为治理的战略导向。治理一个外部性开放的系

---

① 曹堂哲：《新公共管理面临的挑战、批评和替代模式》，《北京行政学院学报》2003 年第 2 期。

统，管理是一个内部化封闭的系统，治理是决定到哪儿去
（Where to go）；而管理是决定怎样去（How to go），也就是说：
治理是战略导向的，管理是任务导向的。"治理被看作与机构的
内在性质、社会经济和文化背景、外部性和组成要素的监督有
关。而管理是采取或监督采取明智的手段完成某些目标的
行动。"①

最后，表现为治理的反思机制。管理的内在机制不能容纳
代表和参与的价值，而治理是以"反思的理性"② 为基础的。
治理实现的机制包括广泛的参与，通过参与、谈判和对话达成
共识，使得各类主体之间能够相互协调从而提高效率。而管理
的核心则在于通过对绩效的测量和控制，期待获得最佳的管理
过程和管理结果，这种绩效控制的思路使得环境管理更多体现
的是行政权力对公共利益的支配而不是共治。而环境治理更多
体现的是社会主体对公共利益的共享和参与，公众参与程度越
高的环境活动，其所造成的环境影响越能符合公共利益的实质，
从而促使政府反思环境管理中存在的问题，实现环境利益的公
平与正义。

四　治理对管理的超越

法治社会中的法律是一种永恒的理性对话过程。这种对话
是由社会各阶层（政府、市民社会组织、企业和个人乃至国际
社会等）为了公共利益而广泛参与的辩论和说理，且各种不同

---

① 曹堂哲：《新公共管理面临的挑战、批评和替代模式》，《北京行政学院学报》
2003 年第 2 期。
② 同上。

意见在自由、公开与平等的对话中获得充分尊重，对"管理"进行再认识。这种根据环境与生态的性质来探讨环保方式的多样性的理性对话使得治理明显优于管理。政府"垄断"环境公共事务的管理权限是不可能的，也是不现实的，环境治理的最终目的是促进公共的环境利益，促使我们对"管理"进行反思与再认识。

首先，治理规则具有多元性。环境治理的过程实质上是一个多元参与的过程，参与的主体、参与的范围以及参与的方式都具有多样性，而传统的管理则是模式单一、主体相对固定且范围极其有限的。治理的多元性决定了各种力量的汇合和相互作用，通过衡量政府、市场、第三主体等不同协调形式的优缺点，以及形式多样的操作手段和以问题为导向的多种规则的协调，使得各类环境要素的市场化程度更高，政府责任随之从无所不包的管理者转化成权能有限的服务者，从而达到公共环境事务处理的最佳状态。

其次，治理规则具有多层次性。治理的多层次性是建立在治理规则多元化基础之上的，由于参与主体的增多以及参与范围的扩大，治理需要建立多层次的组织结构，从而实现其组织协调的功能。这种协调不仅体现在人际层次、组织层次，甚至还作用于生态系统与人类社会之间的系统际层面上。不同的层次需要不同的操作规则和方法，从而有别于传统管理的单一结构，避免了传统管理模式中的决策片面、主观和信息单一等劣势。治理的多层次性决定上了它可以通过直接的人际传达或者各组织间的谈判和协商等方式，确定具有明确任务的战略联盟，形成一个用以维护公共环境利益的共同行动纲领。

最后，治理规则具有动态性。治理的动态性表现为治理是随时间、空间等因素的变化而自动调整的。因为治理的组织结构是网状化的，可以充分应对各种条件的变化，发挥其组织最优性。而在传统的公共行政与管理中，其操作规则和手段是相对固定的、静态的。治理规则融合借鉴了诸多学科的优势，如学科系统化的理论、控制论、信息论、自组织论和环境协同论等自然科学常用到的研究方法，还融合了政治经济学、环境经济学、公共管理学以及环境行政学等社会科学的最新的研究成果。这种优势组合最大限度地整合了环境治理的结构和作用力，从而形成一系列的可操作的动态治理规则。

五　环境治理的完善

"法律所处理的并不是冷冰冰的外在客观世界，而是活生生的人，并且必须被设计来满足他们的内在需要。"在贝卡利亚那里"仁慈是立法者的美德"，制定良好的法律才有可能实现良法之治。环境治理与环境行政管理的一个重大差别也在于二者对法情感的态度不同。行政管理更多强调效率和力量的逻辑，而环境治理需要的是公众主动参与融入而不是形式上的消极参与，"生态人"与"责任政府"是实现环境治理并最终达到善治的重要当事人。当他们对法律对环境保护生成一种特别的信仰和依赖时，这种依赖的产生、信仰的存在比生硬的法条更能提高公众的环保意识，从而降低环境执法成本。

（一）"生态人"假设

人性假设是组织和行为分析的起点，在经济学中有经济人假设、制度人假设。在私法学范畴，卢梭的社会契约论语境下的人通常也是这种理性的、合理追求自己利益的"经济人"。一切权利的基本单位就是个人，市场、政府等都可以还原成人与人之间的合同关系。目前全球正面临着从现代性社会向生态文明社会的转型，不同法律部门中的人都是多重性的，环境法语境下的人性假设则是"生态人"。

人的本性是自私的，但是人的本性实际上又不仅仅是自私的，这也是"生态人"假设得以存在的理论空间。人类的共生性决定了在面对环境问题时，人与人、国与国、人类与非人生命体之间的关联不仅仅是对抗式的，更多情况下共生共赢才是维持平衡的最优选择。对环境治理而言，经济人的局限性非常明显。工业文明是建立在征服自然、资源无限、利益递增的基础上的，这种无极限的增长在给人类带来巨大物质利益的同时还造就了一个"破损的世界"，"由于人类的破坏，牛羊鸡犬纷纷死去，鸟儿也没有了，到了春天只有可怕的寂静"，"个体的理性"行动最终导致的是"集体的非理性"结果。

环境及环境上之利益这种"最多数人的公共事务"在经济人那里往往成为"最少受人照顾的事物"。从这个意义上说，"生态人"的目的不是替代"经济人"的工具理性，它是对经济人的超越，使工具理性具有更为长远的价值。环境治理在伦理意义上更多体现的应当是人性的亮点而非阴暗面。

（二）急需制度供给、实施到位的责任政府

政府的治理理念是实现环境与社会、经济的相互协调的关键所在。环境治理需要政府具有高超的治理能力，在环境治理

中，更多强调的是第三主体参与环境管理，而非取代政府，形成"无政府"的局面。"环境灾难的真正原因深深扎根于人类事务的政治之中，化解之道自然也存乎其中。通过确立生态责任、参与型民主、环境正义、社区行动等价值观，生态型政治战略是可以行之有效的。"①

首先，从政府的宏观调控能力上看，相对于传统发展模式，可持续发展在发展目标与内容上更具有公共性和长期性的取向，因而政府对环境信息的掌握更有利于制定长远宏观的环境战略。但这也使得政府能力将面临更大的挑战，我国现阶段大力推行的以生态文明观为指导的环境友好型社会建设在一定程度上就是这种"生态型政治战略"的体现。1972 年联合国人类环境大会在瑞典斯德哥尔摩召开之后，中国才于 70 年代中期开始建立环境管理的机构。经过了数十年的不懈努力，中国的环境状况依然令人忧虑，政府要实现有效的环境治理仍然困难重重。

其次，从我国宪法规定来看，政府在环保方面扮演的角色相当重要。我国的环境治理是一个网状化的结构。从中央层面来看，我国的最高权力机关是全国人民代表大会，国务院及其相关部委有一定的环境立法权和政策制定权；从地方层面来看，只要与国家的相关规定一致，地方人大和地方政府可以根据国家的相关规定，在遵照上位法的基础上制定政府规章或者发布行政命令。中央政府与地方各级政府促进政治、经济、社会、环境等因素的良性循环和可持续发展，是宪法中关于政府环境

---

① ［美］丹尼尔·A. 科尔曼：《生态政治：建设一个绿色社会》，梅俊杰译，上海译文出版社 2006 年版。

责任的总体目标。

最后，从制度供给层面来看，政府环境治理能力的核心是制度供给能力以及制度实施能力。目前我国环境法的现状存在着"立法虽多但管用的不多"的怪象；在法的实施层面，迄今为止许多环境与资源保护部门没有被法律赋予强制执行力，环境行政机构内部监督机制缺乏，环境行政公开制度不够健全，执行力也不够，政府不履行环境责任以及履行环境责任不到位，导致"治理速度远远赶不上污染速度"。

（三）推崇善治

"善治"在我国古典文献《汉书·董仲舒传》中就有相应记载："当更张而不更张，虽有良工不能善调也：当更化而不更化，虽有大贤不能善治也。故汉得天下以来，常欲善治而至今不可善治者，失之于当更化而不更化也。"善治实际上是实现权力在国家与社会之间的一种平衡，使政治国家与市民社会良性互动，使过于集中的国家权力向社会进行一部分理性有序的回归。这个过程也可以形象地表述为"还政于民"。

亚洲开发银行提出了善治的四个基本要素："问责、参与、可预测性和透明。"联合国亚太经济和社会委员会概括了善治的八个特征，即"参与、法治、透明、回应性、以达成一致为导向、公平与包容、有效性与效率、问责"①。这些都代表了治理理念的核心要求。我国也有学者认为善治的基本要素需包含合

---

① 任志宏、赵细康：《公共治理新模式与环境治理方式的创新》，《学术研究》2006年第9期。

法性、透明性、责任性等内容。①

　　环境这种特殊的公益也不再只属于国家的管辖范畴。随着全球化和国际化步伐的加速、信息技术和知识经济的兴起、后现代化思潮的不断扩散、市民社会的逐步崛起以及现代民主化的进程在我国的推进，环境权理论、公共信托理论、合作主义理论、多中心理论、第三部门理论以及社群主义理论等思想的出现都对传统行政垄断式的直线管理方式提出了挑战。②

　　环境这种特殊的公益也不再只属于国家的管辖范畴，它应当是政府与公民对公共环境管理上的一种共享与合作。环境治理强调的环境公益本质上是一个多方参与、协调合作的涵盖民众观点多元性和身份复杂性的新型公共服务体系。环境治理最终要达到的目的是实现社会、经济、环境的可持续发展和人与自然的和谐，即实现善治（Good Governance）。

　　通过环境治理将行政调整、市场调整、社会调整这三种调整机制相结合，对政府进行"重塑"，调整自身的组织结构，对政府的管理价值、原则、机制重新审视，重视公众参与，提高公众对政府的认同和对权威的认可。就中国而言，环境公共事

---

　　① 俞可平：《治理与善治》，社会科学文献出版社 2000 年版，第 9—12 页。该书作者将善治的基本要素归纳为：合法性，即社会秩序和权威被自觉认可和服从的性质和状态，公共管理活动应取得公众最大限度的同意和认可；法治，即法律是善治过程中公共事务管理的最高准则，法律规范公众行为的同时更制约政府行为；透明性，即政府应及时向公众公开政府信息，便于公众对公共决策知情并加以监督；责任性，即管理者应当对自己的行为负责；回应，即管理机构必须对公众的要求作出及时的和负责的反应；有效，即管理的效率，包括管理机构设置的合理和管理成本的降低；参与，即公众的政治参与和其他社会生活的参与；稳定，即国家和平、社会安全、生活有序、政策连贯等；廉洁，即政府官员奉公守法，不徇私枉法；公正，即要注重弱势群体利益的保护。

　　② 任志宏、赵细康：《公共治理新模式与环境治理方式的创新》，《学术研究》2006年第 9 期。

务的多中心合作治理模式只是发展的方向和目标，现阶段的环境治理仍然面临着"温和的治理无法代替严厉的政府"的尴尬，其过程的艰巨性和长期性由此可见。

结　语

　　资源和环境问题越来越成为制约一国经济发展、社会稳定的重要因素，环境治理日益成为全球关注的焦点。

　　当前应对全球气候变化对中国和其他国家来讲，气候变化框架下技术研发方的国际合作会创造出更多的减排机会。根据联合国相关报告，在发展中国家需要的工业领域的减排技术中绝大部分的核心技术是需要发达国家转让的。技术进步是应对气候变化不可缺少的条件，环境金融这一机制的创新也是实现低碳发展的重要推动力，而建立公正、高效的环境金融制度体系是金融参与应对当前气候变化全球治理的核心所在。

　　环境金融是人类社会与经济发展迈向生态文明进程中的新事物，它的发展与变革都需要经受时代与实践的检验，面对这一全新的事物，我国应采取什么样的态度对我国和世界都会产生重要的影响。从目前来看，我国尚不具备全面、快速跟进环境金融的条件，但是在理论与学术研究中，环境金融的各种"可能性"理应成为研究的前沿问题，特别是在环境法研究中要对此进行关注并贡献相应的学术力量。

一　全球环境治理的工具功能

环境金融是建立在环境保护所产生的公益性与经济发展带来的社会福利增进的利益相容性之上的，实质就是从节能减排、保护环境的行为中获利，它改变了过去的以污染环境、耗损资源来获利的模式，是一种新的互利性交易。作为一项新的全球规则与金融创新，环境金融好似一种新游戏，这种游戏具有很强的实用性，在环境治理与经济发展之间可以创造性地开辟二者的共生空间，国际上已经开始广泛适用，特别是欧美等大国已将目光瞄准这片新兴领域，对于我国而言，是否以及能否马上参与其中，其利弊是需要深思熟虑的，但是对法学研究者而言，学习并研究环境金融的规则与运作、清楚地界定环境金融的法律地位都是非常必要的。

二　破解“守法成本高”的难题

环境金融这一制度若能合理运用，从技术层面来看，大量的绿色贷款可以解决绿色企业的守法成本问题，这也是环境金融在当前中国的环境与经济发展进程中最易实现也最为现实的目标之一；此外，环境金融本身还有很多可以挖掘与创造的空间，越早关注越有可能成为有发言权与规则制定权的重要参与者。在环境金融服务方面，目前国内的商业银行虽已经开展环境金融业务但又仅局限于“绿色信贷”等初级环境金融，还未全面、深入地涉足与环境金融有关的全面金融服务。因此，我国的金融机构首先应该在金融中介服务方面不断创新，提高自身的竞争力，全面开发环境金融相关产品及服务。具体而言就是要进一步建立、完善多元化的环保投资机制，制定环境金融相关法律法规，从法律与政策上鼓励全社会投资环境产业，运用金融机构的融资优势积极吸引社会资本，明确投资主体与金融机构的权利与义务，充分发挥金融对环境治理的高效性、利益相容性等优势。这就要求我国要不断完善货币市场、资本市场和风险投资市场，借鉴国际金融创新模式与规则，形成完善的环境金融支持体系。

三　环境金融的前期研究极为必要

根据产业周期理论，任何产业或行业通常都要经历幼稚期、成长期、成熟期、稳定期这四个周期，环境金融在欧美主要市场的发展正处于快速成长期，在我国则处于刚刚萌发的幼稚期，所以环境金融的发展需要一个相对较长的过程。要改变过去那种把环境问题与金融分隔开来的狭隘视点，将眼界放宽，积极研究与推进有利于我国环境治理同时又能保护本国经济发展的良方，抛掉一些过于理想化的学术假设，更务实地看待环境与可持续发展。

各种尖锐的环境问题已经摆在人类的面前，如何最大限度地降低或减轻环境问题及其恶化的负面影响，成为各国政府在制定政策时必须充分权衡的因素，成为包括各主要国际组织在内的人类社会共同关切的问题。环境金融需要多学科、多视角的全面研究，因此，环境金融不仅是经济学、金融学研究的热点问题，也应当被法学、环境法学更多地加以关注，拓宽经济学与法学在环境金融领域的对话与交流。环境金融涉及的内容非常广泛，是环境法学的一项崭新课题。因此，有必要研究环境金融的相关法律问题，从理论上进行研究完善，设计出科学合理的环境金融法律制度体系，同时也需要对实践操作层面进行深入探讨，实践才能真正带动理论的完善。

参考文献

一 中文著作

1. ［英］杰弗里·M. 霍奇逊：《现代制度主义经济学宣言》，杨虎涛、王爱君、马芳等译，北京大学出版社 1993 年版。

2. ［英］詹宁斯·瓦茨修订：《奥本海国际法》第一卷第二分册，王铁崖等译，中国大百科全书出版社 1995 年版。

3. 马中：《环境与资源经济学概论》，高等教育出版社 1999 年版。

4. 刁仁德主编：《现代金融词典》，上海财经大学出版社 1999 年版。

5. ［美］鲍莫尔：《福利经济及国家理论》，中国社会科学出版社 2000 年版。

6. ［法］亚历山大·基斯：《国际环境法》，张若思编译，法律出版社 2000 年版。

7. 余德辉：《市场经济下环境保护投资体制若干问题探讨》，化学工业出版社 2001 年版。

8. 罗勇、曾晓非：《环境保护的经济手段》，北京大学出版社 2002 年版。

9. ［美］罗斯科·庞德：《法律史解释》，邓正来译，中国法制出版社 2002 年版。

10. ［美］汤姆·惕藤伯格：《环境经济学与政策》，宋启贵译，上海财经大学出版社 2002 年版。

11. 王曦主编译：《（联合国环境规划署）环境法教程》，法律出版社 2002 年版。

12. ［加］布鲁斯·米切尔：《资源与环境管理》，蔡运龙等译，商务印书馆 2003 年版。

13. 李克国、魏国印、张宝安主编：《环境经济学》，中国环境科学出版社 2003 年版。

14. ［美］汤姆·泰坦博格：《环境与自然资源经济学》第 5 版，严旭阳等译，经济科学出版社 2003 年版。

15. 王金南、葛察忠、杨金田：《环境投融资战略》，中国环境科学出版社 2003 年版。

16. 左玉辉：《环境经济学》，高等教育出版社 2004 年版。

17. 黄达：《金融学》（精编版），中国人民大学出版社 2004 年版。

18. 何建坤：《国外可再生能源法律译编》，人民法院出版社 2004 年版。

19. ［美］埃德温·尼夫：《金融体系原理和组织》，中国人民大学出版社 2005 年版。

20. ［英］巴里·菲尔德、［美］玛莎·菲尔德：《环境经济学》，原毅军、陈艳莹译，中国财政经济出版社 2006 年版。

21. ［美］兹维·博迪、罗伯特·莫顿：《金融学》，欧阳颖等译，中国人民大学出版社 2000 年版。

22. ［美］丹尼尔·A. 科尔曼：《生态政治——建设一个绿色社

会》，梅俊杰译，上海世纪出版集团 2006 年版。

23. 叶文虎：《环境管理学》，高等教育出版社 2006 年版。

24. ［英］A. C. 庇古：《福利经济学》，朱泱、张胜纪、吴良健译，商务印书馆出版 2006 年版。

25. 王卉彤：《应对气候变化的金融创新》，中国财政经济出版社 2008 年版。

26. ［美］罗尔斯：《正义论》，何怀宏等译，中国社会科学出版社 1988 年版。

27. ［美］波斯纳：《法律的经济分析》，蒋兆康译，中国大百科全书出版社 1997 年版。

28. ［美］波斯纳：《法理学问题》，苏力译，中国政法大学出版社 1994 年版。

29. 金南：《中国与 OECD 的环境政策》，中国环境科学出版社 1997 年版。

30. 沈满洪：《环境经济手段研究》，中国环境科学出版社 2001 年版。

31. 罗勇、曾晓非：《环境保护的经济手段》，北京大学出版社 2002 年版。

32. 张坤民、张世秋：《可持续发展论》，中国环境科学出版社 1997 年版。

33. ［日］黑川哲志：《环境行政的法理与方法》，肖军译，中国法制出版社 2008 年版。

34. ［法］让－皮埃尔·戈丹：《何谓治理》，钟震宇译，社会科学文献出版社 2010 年版。

35. ［美］埃莉诺·奥斯特罗姆：《规则、博弈与公共池塘资源》，王巧玲、任睿译，陕西人民出版社 2011 年版。

36. ［圭亚那］施里达斯·拉夫：《我们的家园——地球》，夏堃堡译，中国环境科学出版社 1993 年版。

二　中文论文

1. 高建良：《"绿色金融"与金融可持续发展》，《哈尔滨金融高等专科学校学报》1998 年第 4 期。

2. 和秀星：《实施"绿色金融"政策是金融业面向 21 世纪的战略选择》，《南京金融高等专科学校学报》1998 年第 4 期。

3. 夏友富：《外商投资中国污染密集产业现状、后果及其对策研究》，《管理世界》1999 年第 3 期。

4. 王军华：《论金融业的"绿色革命"》，《生态经济》2000 年第 10 期。

5. 洪庆、邓瑛：《对发展绿色金融的思考》，《经济与管理》2002 第 1 期。

6. 于永达、郭沛源：《金融业促进可持续发展的研究与实践》，《环境保护》2003 年第 12 期。

7. 周纪昌：《国外金融与环境保护的理论与实践》，《金融理论与实践》2004 年第 10 期。

8. 薄燕：《国际环境正义与国际环境机制：问题、理论和个案》，《欧洲研究》2004 年第 3 期。

9. 李伟芳：《论国际法渊源的几个问题》，《法学评论》2005 年第 4 期。

10. 欧阳瑞：《从生态经济学的发展谈绿色金融》，《金融与经济》2005 年第 6 期。

11. 张文中：《绿色金融：现状、问题与趋势》，《新疆财经》

2005 年第 6 期。

12. 黎朝红：《金融产业的信息化建设》，《云南财经大学学报》
2006 年第 5 期。

13. 黄泉川：《我国环境保护投融资机制创新研究》，《财经理论
与实践》2006 年第 5 期。

14. 王玉婧、江航翔：《环境风险与绿色金融》，《天津商学院学
报》2006 年第 11 期。

15. 吴向阳：《英国温室气体排放贸易制度》，《中国社会科学院
可持续发展研究中心研究快讯》2006 年第 3 期。

16. 李秉祥、黄泉川：《我国环境保护投融资机制创新研究》，
《中国社会科学院研究生院学报》2006 年第 7 期。

17. 王卉彤：《环境金融：金融创新和循环经济的双赢路径》，
《上海金融》2006 年第 6 期。

18. 秦天宝：《我国环境保护的国际法律问题研究——以气候变
化问题为例》，《世界经济与政治论坛》2006 年第 2 期。

19. 何建奎：《"绿色金融"与经济的可持续发展》，《生态经
济》2006 年第 7 期。

20. 杜鹏：《环境正义：环境伦理的回归》，《自然辩证法研究》
2007 年第 6 期。

21. 高建良、黄越、梁桂枝：《能源安全约束下的绿色金融发展
战略》，《中国集体经济》2007 年第 10 期。

22. 韩龙：《金融性与国际性：国际金融法本质特征之所在》，
《云南大学学报》（法学版）2007 年第 4 期。

23. 洪治纲：《国际金融衍生品监管法基本原则探析》，《湖北社
会科学》2007 年第 2 期。

24. 雷立钧、高红用：《绿色金融文献综述：理论研究、实践的

现状及趋势》,《投资研究》2009 年第 3 期。

25. 钭晓东：《论生态文明背景下环境法功能运行之趋势与模式》,《浙江学刊》2009 年第 4 期。

26. 孙力军：《国内外碳信用市场发展与我国碳金融产品创新研究》,《经济纵横》2010 年第 6 期。

27. 李青：《碳金融：原理、功能与风险》,《金融发展评论》2010 年第 8 期。

28. 文同爱、倪宇霞：《绿色金融制度的兴起与我国的因应之策》,《公民与法》2010 年第 1 期。

29. 张勇、李炜：《应对气候变化的碳交易法律对策研究》,《甘肃社会科学》2010 年第 3 期。

30. 蔡博峰：《碳货币——低碳经济时代的全新国际货币》,《中外能源》2010 年第 2 期。

31. 张雪兰、何德旭：《国外环境金融的困境与应对举措》,《经济学动态》2010 年第 11 期。

32. 周卫锋：《我国碳金融体系构建研究》, 硕士学位论文, 吉林大学, 2010 年。

33. 卢现祥、郭迁：《论国际碳金融体系》,《山东经济》2011 年第 9 期。

34. 乔海曙、刘小丽：《碳排放权的金融属性》,《理论探索》2011 年第 3 期。

35. 罗俊：《低碳可持续发展战略金融手段的研究与实践》,《中国商界》2012 年第 8 期。

36. 蔡文灿：《环境金融法初论》,《西部法学评论》2012 年第 1 期。

三　英文著作及论文

1. Baumol W. J. and W. E. oates, *Environmental and Natural Resource Economics*, Cambridge: Cambridge University Press, 1988.

2. Baumol W. J. and W. E. oates, *The theory of Environmental Policy*, Cambridge: Cambridge University Press, 1988.

3. Joel P. Trachtman, "*The theory of the firm and the theory of the international economic organization toward comparative institution analysis*"", *Northwestern Journal of International Law and Business*, 1997.

4. Marcel. J, *Sustainable Finance and Banking: The Financial Sector and the Future of the Planet*, London: Earth scan Publication Ltd, 2001.

5. Sonia Labatt and Rodney R. White, *Environmental Finance: A Guide to Environmental Risk Assessment and Financial Products*, Hoboken, NJ: Wiley, 2002.

6. Norma Harrison and Danny Samson, *Technology Management: Text and International Cases*, New York: Mcgraw 2Hill Companies, 2002.

7. Ali Paul A. U. and Kanako Yano, *Eco-finance: the legal design and regulation of market-based environmental instruments*, Alphen Den Rijn: Kluwer Law International, 2004.

8. Lecocq F. , Capoor K. , *State and trends of the carbon market. Carbon Finance Business*, The World Bank, 2005.

9. Boyreau – Debray, Genevieve, Shang jin Wei, *Pitfalls of a state-dominated financial system*: *the case of China*, National Bureau of Economic Research Working Paper, 2005.